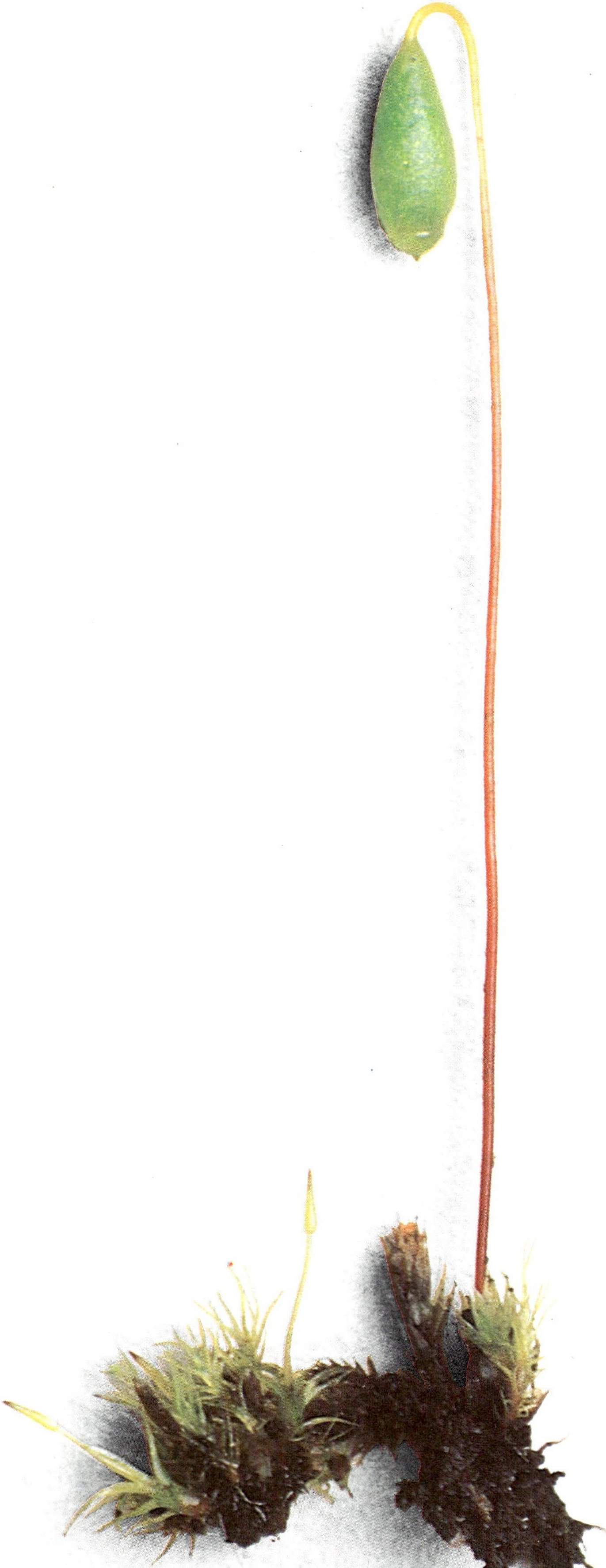

Das Kosmosbuch der Gräser, Farne, Moose, Flechten

Das Kosmosbuch der Gräser, Farne, Moose, Flechten

Einleitung

Dieses Buch soll eine Bestimmungshilfe für all diejenigen sein, die lieber anhand von farbigen Abbildungen als mit Hilfe von viel Text schnell und sicher Pflanzen bestimmen wollen.
Es gliedert sich in vier Teile:
Gräser und Grasartige (Seite 12 – 75)
Farnpflanzen (Seite 76 – 117)
Laub- und Lebermoose (Seite 118 – 163)
Flechten (Seite 164 – 187)
Die beiden ersten Pflanzengruppen umfassen einen nicht allzu gewaltigen Formenbestand, so daß die Arten einigermaßen vollständig abgehandelt werden konnten. Die Moose und Flechten jedoch sind so überaus artenreich, daß sie nicht annähernd vollzählig behandelt werden konnten. Dennoch sind in diesem Buch mehr Arten abgebildet und beschrieben, als je in einem Bildband über niedere Pflanzen enthalten waren.

Zum Umgang mit diesem Buch

Jede der vier großen Pflanzengruppen wurde von einem Spezialisten auf die korrekte Artbestimmung und -beschreibung hin geprüft.
Auf den folgenden Seiten wird jeweils eine kurze, zusammenfassende Beschreibung der vier Gruppen gegeben, in der die wichtigsten botanischen Informationen zusammengefaßt sind. Hier wird auch angegeben, wie die Arten innerhalb der einzelnen Gruppen in diesem Buch angeordnet sind, so daß der Leser eine Orientierungshilfe in der Hand hat, mit der er schneller die zu bestimmende Art im Buch auffinden kann.

Gräser und Grasartige

Diese Gruppe umfaßt vier verschiedene Pflanzenfamilien:
Poaceae (Süßgräser) – *Cyperaceae* (Riedgräser)
Juncaceae (Binsen) – *Typhaceae* (Rohrkolben)

Die **Süßgräser** (Spelzenblütler) bilden die artenreichste Gruppe. Sie umfassen Pflanzen mit langen, schmalen, parallelnervigen Blättern, hohlen, runden, knotigen Stengeln und kleinen, meist unscheinbaren Blüten. Die Blüten stehen in Ährchen, die zu ähren- oder rispenförmigen Gesamtblütenständen vereinigt sind. Die Blüte wird von zwei trockenhäutigen, kahnförmigen Deckblättchen (Vorspelze, Deckspelze) eingeschlossen. Die Ährchen ihrerseits sind ebenfalls von zwei Hüllspelzen umgeben. Manchmal sind die Spelzen noch begrannt. Zur genauen Bestimmung sind diese Grannen äußerst wichtig. Die Blüten sind fast immer zwittrig.
Die **Riedgräser** (Seggen) haben markige, dreikantige, meist knotenlose Stengel und grasähnliche Blätter, deren Scheiden meist ringsum geschlossen sind und nicht nur – wie bei den Süßgräsern – überlappen. Die Blüten sind von Spelzen umgeben, die Blütenstände zusammengesetzt. Diese Familie besitzt sehr verschiedene Gattungen, die sich jedoch alle im Blütenbau ähneln. Blüten zwittrig oder eingeschlechtlich. Größte Gattung dieser Familie *Carex;* Blüten eingeschlechtlich.

Die **Binsen** ähneln den Riedgräsern, haben aber keinen dreikantigen Stengel. Die Blüten sind klein und unscheinbar, grünlich oder bräunlich. Diese Familie besteht aus den beiden Gattungen Simse (*Luzula*) und Binse (*Juncus*).
Die **Rohrkolben** werden hier ebenfalls aufgeführt, da sie den Gräsern sehr ähnlich sehen. Diese Familie der Rohrkolbengewächse (*Typhaceae*) besteht nur aus einer Gattung (*Typha*) mit 9 Arten. Die Blüten sind eingeschlechtlich und nicht von Spelzen umschlossen, sondern mit einem Haarsaum versehen. Sie sind in dichte, samtige Ähren (Kolben) gepackt, wobei die männlichen Blüten oben, die weiblichen unten sitzen.
Aus Gründen des besseren Vergleichens wurden die einzelnen Arten so angeordnet, daß leicht zu verwechselnde Pflanzen nahe beieinanderstehen. Wir haben mit den einfachen Formen angefangen und enden mit den komplizierteren:

Im Text werden der deutsche und der wissenschaftliche Name aufgeführt. Danach folgen meist mehrere Buchstaben oder eine Namenabkürzung, die denjenigen Botaniker bezeichnen, der die Pflanze als erster beschrieben und benannt hat. Darauf folgt die Familienzugehörigkeit.
In der Beschreibung finden sich Angaben über das Lebensalter der Pflanze, ihre wichtigen, artkennzeichnenden Merkmale, Größe, Standort und Blütezeit. Auf Unterscheidungsmerkmale, die sich auf der Fotografie nicht hinreichend genau darstellen lassen, wird besonders hingewiesen. Bei jeder Pflanze wird zusätzlich das Aufnahmedatum angegeben.
Insgesamt werden 162 Arten im Bild vorgestellt; eine Reihe weiterer, nahe verwandter Formen wird zusätzlich beschrieben. Die wissenschaftliche Benennung folgt der „Liste der Gefäßpflanzen Mitteleuropas" von F. EHRENDORFER (Stuttgart, 1973).

Farnpflanzen

Vorwiegend landbewohnende, krautige Sporenpflanzen mit einem ausgesprochenen Generationswechsel (Wechsel zwischen geschlechtlicher und ungeschlechtlicher Generation). Hierzu gehören die 3 Klassen: Bärlappe (*Lycopsida*) – Schachtelhalme (*Sphenopsida*) – Farne (*Filicopsida*).

Farne sind krautige Sporenpflanzen mit großen, meist gestielten und gegliederten, reichgeaderten Blättern (Wedeln), die in der Jugend spiralig eingerollt sind. Auf der Unterseite dieser Wedel erkennt man rundliche oder längliche, braune bis schwarze Häufchen (Sori). Hier handelt es sich um Anhäufungen von Sporenbehältern (Sporangien). Fallen die Sporen auf feuchten Untergrund, so entwickeln sich aus ihnen kleine, grüne, herzförmige Gebilde (Prothallien), auf deren Unterseite sich die männlichen (Antheridien) und weiblichen (Archegonien) Fortpflanzungsorgane bilden. Nach ihrer Reife entlassen die Antheridien Spermatozoiden, die bei feuchter Witterung über einen Wasserfilm zu den Archegonien gelangen, von denen sie chemotaktisch (Äpfelsäure) angelockt werden. Aus einer befruchteten Eizelle entwickelt sich eine neue Farnpflanze, die wiederum Sporen hervorbringt.
Bei der Bestimmung von Farnen liefern Form und Aufbau der Sori oft wichtige artkennzeichnende Merkmale.
Schachtelhalme entwickeln ihre Sporen in zapfenähnlichen Gebilden am Ende der Sprosse. Aus den Sporen gehen grüne, lappige Prothallien hervor. Der weitere Entwicklungsgang entspricht in etwa dem der Farne. Heute umfassen die Schachtelhalme nur noch die eine Gattung *Equisetum.* In früheren erdgeschichtlichen Zeiten jedoch war diese Pflanzengruppe wesentlich artenreicher und umfaßte sogar baumartige Vertreter (aus den Resten dieser Pflanzen entstanden die Steinkohlelager).
Bärlappe sind gabelig verzweigte Pflanzen mit zahlreichen ungestielten Kleinblättern, die meist dicht spiralig um den Stengel stehen. Die sporentragenden Blätter sind am Ende der Sprosse zu kolbenartigen Ähren gehäuft. – Ihre Entwicklung ähnelt der der Farne. Einzigartig sind die zu dieser Gruppe gehörenden Brachsenkräuter, deren wenige Arten zu den Seltenheiten unserer Flora gehören. Sie wachsen entweder am Grunde nährstoffarmer Seen oder verborgen im Schlamm.

Die Anordnung der Farnpflanzen erfolgt folgendermaßen:

Bei der wissenschaftlichen Benennung der Farnpflanzen, die auch in jüngster Zeit häufigen Änderungen unterworfen wurde, ist nur der derzeit gültige Name aufgeführt (siehe F. EHRENDORFER, Die Gefäßpflanzen Mitteleuropas, Stuttgart, 1973). Synonyme Bezeichnungen wurden meist weggelassen oder nur dann aufgenommen, wenn beim Auffinden der Art in den derzeit gängigen Florenwerken (siehe Literaturangaben) Schwierigkeiten auftreten könnten. Insgesamt wurden 58 Arten im Bild vorgestellt.

Moose

Die große Gruppe der Moose gehört ebenfalls zu den Sporenpflanzen mit ausgeprägtem Generationswechsel. Moose sind jedoch noch einfacher gebaut als Farne und Bärlappe; sie haben nämlich beispielsweise keine echten Wurzeln, sondern besondere Einrichtungen (Rhizoide), die die Wurzelfunktion übernehmen. Moose sind Zwischenformen zwischen Sproß- und Lagerpflanzen.
Hierzu gehören die zwei Klassen: Laubmoose (*Bryopsida*) und Lebermoose (*Hepaticopsida*)

Laubmoose gliedern sich in drei Teile: das Stämmchen, die spiralig oder in Reihen angeordneten Blättchen und die Sporenkapsel mit dem Kapselstiel. Die Sporenkapseln können auf verschiedene Weise Sporen entlassen: Entweder der Kapseldeckel wird abgesprengt (*Sphagnum*), oder die Kapsel öffnet sich mit vier Längsrissen (*Andreaea*). Aus der Spore entwickelt sich über einen fadenförmigen, grünen Vorkeim die Moospflanze, an der männliche und weibliche Fortpflanzungsorgane angelegt werden. Gewöhnlich sind diese Organe sehr klein und nur mit der Lupe zu erkennen. Bei Polytrichum-Arten jedoch sind diese Organe recht auffallend ausgebildet. Männliche und weibliche Organe sitzen entweder auf ein und derselben Moospflanze oder auf zwei verschiedenen. Die Spermatozoiden werden wieder von der Eizelle chemotaktisch angelockt und wandern über eine Wasserbrücke zur Eizelle. Nach der Befruchtung entwickelt sich aus dem weiblichen Organ die Sporenkapsel, die auf der grünen Moospflanze verbleibt und dann wiederum Sporen hervorbringt. Damit ist der Generationswechsel geschlossen.
Lebermoose sind entweder flache, thallöse Gebilde, oder sie besitzen kleine Blättchen in zwei oder drei Reihen. Ihr Entwicklungszyklus ist dem der Laubmoose vergleichbar. Allerdings entwickelt sich aus der Spore direkt die Moospflanze. Die Sporenkapseln springen klappig auf.

Bei der Anordnung sind wir wieder von den einfachen, klaren Bauformen ausgegangen und haben mit den komplexeren aufgehört:

Viele Arten werden anhand von zwei Abbildungen beschrieben: eine Standortaufnahme, die Aussehen und Ausbildung in der Natur zeigt, und eine Makroaufnahme, in der die artkennzeichnenden Details besser zu erkennen sind.
Bei der Beschreibung der Pflanzen fällt auf, daß kaum ein Moos einen deutschen Namen hat. Je kleiner und unscheinbarer die Pflanze ist, um so weniger gibt es eine gängige oder auch nur entfernt verbindliche deutschsprachige Benennung. Die meisten Arten werden daher nur mit ihrem international festgelegten wissenschaftlichen Namen vorgestellt. Deutsche Namen werden nur dann erwähnt, wenn sie wirklich eingebürgert und allgemein bekannt sind.
Es sind annähernd 140 Arten abgebildet und beschrieben. Das entspricht zwar nur einem kleinen Teil der rund 1000 in Mitteleuropa vorkommenden Moosarten, doch sind damit gewiß die häufigeren und gut kenntlichen Formen erfaßt. Die wissenschaftliche Benennung ist der in der Moosflora von DÜLL (1980) getroffenen Festlegung angepaßt.

Flechten

Flechten sind eigenartige Doppelwesen, in denen sich eine Pilz- und (meist) eine Algenart zu einer engen Lebensgemeinschaft (Symbiose) zusammengeschlossen haben. Gewöhnlich vermehren sich die Flechten vegetativ. Dazu werden besondere Einrichtungen angelegt, die irgendwann abbrechen, verfrachtet werden und zu einer neuen Pflanze heranwachsen können. Diese Fragmente, die das Flechtenlager abgibt, enthalten sowohl Pilz- wie auch Algenzellen. Der Pilzpartner kann sich jedoch auch allein durch Sporen fortpflanzen; damit aber eine Flechte „entsteht", muß das keimende Pilzmycel auf die passende Alge treffen. Die Einzelheiten dieses faszinierenden Vorgangs sind jedoch noch weitgehend unverstanden.
Die meisten Flechten reagieren sehr empfindlich auf Veränderungen ihrer Umwelt, vor allem auf den Schwefeldioxidgehalt der Luft. Aus diesem Grunde wird man in einer Großstadt und ihrem Umland nur wenige Flechten finden können; man vergleiche nur einmal den Flechtenbestand an oder auf Parkbäumen mit dem reichen Aufwuchs auf den Bäumen stadtentfernter Bergwälder. Flechten sind daher zuverlässige Umweltmonitoren. Sie zeigen den durchschnittlichen Schadstoffgehalt der Luft in belasteten Gebieten sehr empfindlich an. – Da Flechten sehr langsam wachsen, sollten wir sie nur dort sammeln, wo sie in größeren Mengen auftreten.

In unserem Buch beginnen wir mit den Flechten, die sehr einfach und unscheinbar aussehen, und gehen dann allmählich auf die etwas komplizierter gebauten über:

Die Texte zu den einzelnen Abbildungen enthalten alle wichtigen oder interessanten botanischen Angaben zu der betreffenden Flechte und versuchen darüber hinaus, die

Art in ihren wichtigsten Kennzeichen zu beschreiben. In Mitteleuropa gibt es annähernd 2000 Flechtenarten. In diesem Buch sind nur 96 davon enthalten. Diese – notwendigerweise – beschränkte Auswahl versucht aber, die auffallendsten, häufigsten und gut kenntlichen Formen vorzuführen. Nur in den Fällen, in denen es einen verbindlichen oder eingeführten deutschsprachigen Gattungs- oder Artnamen gibt, wird er angegeben. Die wissenschaftliche Benennung folgt der Nomenklatur im Flechtenschlüssel von POELT (1969).

Zu den Abbildungen

Die Studioaufnahmen der Gräser und Farne wurden mit einer De Vere-Kamera mit 210 mm-Objektiv und Blitzlicht aufgenommen. Die Studio-Makroaufnahmen der Moose und Farne gelangen mit einer Nikkormat und einem auf einem Balgengerät montierten 105 mm-Objektiv, ebenfalls mit Blitzlicht. Das Aufnahmematerial war Kodak Tageslicht Ektachrome 64 ASA. Die Standortaufnahmen erforderten Belichtungszeiten bis zu 8 Sekunden. Sie wurden alle bei natürlichem Licht geschossen. Dazu wurde eine Nikon F2 mit einem 55 mm-Micro Nikkor verwendet. Die Moosaufnahmen wurden gewöhnlich mit Blende 22/32 und einer Verschlußzeit von 4 Sekunden aufgenommen, um soviel Schärfentiefe wie nur möglich zu erhalten. Die Freilandaufnahmen von Gräsern und Farnen wurden meist mit einer Verschlußzeit von 1/15 Sekunde geschossen, bei einer Blendenöffnung, die die bestmögliche Schärfentiefe garantierte. Dennoch konnte sie nicht immer vollständig kontrolliert werden, und zudem mußten leichte Bewegungen der Objekte im Wind berücksichtigt werden. Wir verwendeten einen Kodak Tageslichtfilm Ektachrome EPR 64 ASA.
Alle übrigen Bilder sind im 35 mm-Format auf verschiedenen Filmsorten mit Blitzlicht oder Tageslicht entstanden.

Danksagung

Ein Buch wie dieses ist nur möglich, wenn viele Leute mithelfen und zusammenarbeiten. A. I. Harrington vom „Natural History Museum" opferte eine Menge Zeit, um die Moose zu bestimmen. Ebenso erging es J. R. Laundon mit der Bestimmung der Flechten. In Wisley ging Martyn Rix die Gräser durch und Peter Barnes die Farnpflanzen. Ferner möchte ich noch folgenden Helfern danken: David und Pat Batty, Pamela Bunting, Alan Christie, Beverly Clark, Alan Cook, Jenny Deakin, Duncan Donald, Nicky Foy, Elsie Grant, Brian Halliwell, Ray Hunter, John Mason, Kate Penoyre und allen Fotografen, die mir freundlicherweise ihre Bilder ausgeliehen haben.
Ich danke auch folgenden Organisationen: Dem Britischen Museum (Natural History), dem Royal Botanic Garden in Kew, der Royal Horticultural Society in Wisley, dem Botanischen Garten der Universität Cambridge, dem National Trust von Ben Lawers und dem Nature Conservancy Council in Edinburgh und Huntingdon.

Erklärung der botanischen Fachausdrücke

Antheridium Keulenförmiges Organ zur Entwicklung männlicher Geschlechtszellen bei Moosen und Farnen
Apothecium Meist flache, becher- oder schüsselförmige Fruchtkörner bei Flechten (und einigen Pilzen), in denen die Sporen zur vegetativen Vermehrung entstehen
Archegonium Flaschenförmiges Organ bei Moosen und Farnen zur Entwicklung der weiblichen Geschlechtszellen. Im Bauchteil dieses flaschenförmigen Organs liegt die Eizelle.
Gemmen Brutknospen, meist an den Blättern, bei Laub- und Lebermoosen. Aus ihnen entwickeln sich auf vegetativem Wege neue Laub- und Lebermoospflänzchen
Isidien Auswüchse am Flechtenthallus von kugeliger, schuppiger, warziger oder korallenähnlicher Form, die leicht abbrechen und der Flechte zur vegetativen Vermehrung dienen
Lager Vegetationskörper von Algen, Pilzen und Flechten. Vgl. Thallus
Ligula Helles, durchscheinendes, mitunter fransiges Blatthäutchen am Übergang von Blattspreite zu Blattscheide bei Gräsern. Wichtige Bestimmungshilfe
Loben Rand- und Lagerlappen der Blatt- und Krustenflechten
Perigonblätter Blütenhüllblätter; bei Binsengewächsen nicht auffallend blumig ausgebildet, sondern einfach und unscheinbar, spelzenähnlich

Perithecium Flaschen- oder birnenförmiger, in den Thallus eingesenkter Fruchtkörper bei einigen Flechten (und Pilzen)
Rhizinen Wurzelähnliche Haft- und Befestigungseinrichtungen an der Unterseite von Flechtenlagern
Rhizoid Ein- oder mehrzellige, haarartige Struktur, die als Wurzel dient (bei Laub- und Lebermoosen, einigen Algen und Pilzen)
Rhizom Unterirdisch wachsende Sproßachse, dient zum Überdauern ungünstiger Vegetationsperioden und zur vegetativen Fortpflanzung
Schlauch Bei Seggen (*Carex*-Arten) wird der Fruchtknoten von einem besonderen Vorblatt umhüllt (Schlauch). Dieses schlauchförmige Gebilde kann blasig aufgetrieben und in eine lange Spitze ausgezogen sein
Schnabel Verlängerte Spitze auf dem Kapseldeckel der Moose oder Verlängerung des Schlauches in der weiblichen Seggen-Blüte
Soralen Stellen am Flechtenthallus, an denen kleine Verbreitungseinheiten (Soredien) abgegeben werden. Sie treten u. a. als Flächen- oder Randsoralen auf
Soredien Kleine körnige Organe zur vegetativen Fortpflanzung, die vom Flechtenthallus flächig-fleckig oder randlich abgestoßen werden
Sorus Sporangiengruppe an der Unterseite von Farnwedeln
Spelzen Kleine, meist starre und schuppig reduzierte Blätter im Blütenstand der Gräser. Jedes Grasährchen wird von bis zu 4 (meist 2) Hüllspelzen eingeschlossen. Vor jeder einzelnen Blüte folgen eine Deckspelze (oft mit Granne) und eine Vorspelze
Sporangium Meist kugeliges Organ, in dem ungeschlechtliche Sporen entwickelt werden. Bei Farnen oft zahlreich in einem Sorus vereinigt, bei Moosen gewöhnlich als Kapsel bezeichnet
Sporen Ein- oder mehrzelliger Fortpflanzungskörper, der direkt oder indirekt ein neues Individuum hervorbringt
Thallus Vegetationskörper einfach gebauter Pflanzen, die nicht in Wurzel, Sproßachse und Blätter gegliedert sind
Vegetative Fortpflanzung Ungeschlechtliche Fortpflanzung, bei Pflanzen z. B. durch Ablösen von Pflanzenteilen, die sich zu einem neuen Individuum entwickeln, z. B. Stecklinge, Zwiebeln, Rhizome, Ableger, Brutkörper

Literaturangaben

Gräser, Seggen, Binsen

AICHELE/SCHWEGLER: Unsere Gräser. Kosmos-Verlag Stuttgart, 6. Aufl. 1981
EHRENDORFER, F.: Liste der Gefäßpflanzen Mitteleuropas. Stuttgart 1973
HUBBARD, C. E.: Gräser. Stuttgart 1973
KLAPP, E.: Taschenbuch der Gräser. Berlin-Hamburg 1965
ROTHMALER, W.: Exkursionsflora, Band 2: Gefäßpflanzen. Berlin 1978
SIKULA, J.: Taschenatlas der Gräser. Dausien Verlag Hanau, 1979

Farne

AICHELE/SCHWEGLER: Unsere Moos- und Farnpflanzen. Kosmos-Verlag Stuttgart, 7. Aufl. 1978
EBERLE, G.: Farne im Herzen Europas. Frankfurt 1970
GAMS, H.: Die Moos- und Farnpflanzen. Kleine Kryptogamenflora, Band V, Stuttgart 1973
JAHNS, H. M.: Farne – Moose – Flechten, BLV Verlag München, 1980
RASBACH, K., RASBACH, H., WILMANS, O.: Die Farnpflanzen Zentraleuropas. Heidelberg 1968

Moose

BERTSCH, K.: Moosflora von Südwestdeutschland. Stuttgart 1966
DÜLL, R.: Die Moose des Rheinlandes. Bonn 1980

Flechten

BERTSCH, K.: Flechtenflora von Südwestdeutschland. Stuttgart 1964
ERICHSEN, C. F. E.: Flechtenflora von Nordwestdeutschland. Stuttgart 1957
FEIGE/KREMER: Flechten – Doppelwesen aus Pilz und Alge. Kosmos-Verlag Stuttgart, 1979
POELT, J.: Bestimmungsschlüssel europäischer Flechten. Lehre 1969
WIRTH, V.: Flechtenflora. Stuttgart 1980

Abbildung und Beschreibung der Pflanzen

Aufnahme 22. Juni

Aufnahme 6. September

Aufnahme 21. Juni

Dreiblütige Binse *Juncus triglumis* L. Fam. Binsengewächse (*Juncaceae*) Mehrjährige Pflanze, 5 – 15 cm hoch. Blüten zu 3 – 5 in einem kopfigen Blütenstand. Perigonblätter rötlich-braun, vorne stumpf. Stengel nur am Grunde beblättert. Arktisch-alpine Art. Ziemlich selten in Quell- und Flachmooren der Alpen und Nordeuropas. Blüten VI – VII. Ähnlich:

Zweiblütige Binse *Juncus biglumis* L. Blüten in wenigblütigem, kopfigem Blütenstand. Nur auf Bergwiesen Nord(west)europas. Blüten VI – VII.

Kröten-Binse *Juncus bufonius* L. Fam. Binsengewächse (*Juncaceae*) Einjährige Pflanze, 10 – 25 cm hoch, oft in dichten Rasen. Stengel reich verzweigt. Blüten in lockerer Rispe einzeln an geraden Ästen. Perigonblätter zugespitzt, grünlich, hautrandig. Blattscheiden der unteren Blätter meist gelbbraun. Sehr formenreich. Weit verbreitet und häufig an Ufern, Gräben, auf Wegen und an offenen, zumindest zeitweise feuchten Standorten. Von der Ebene bis ins Gebirge. Blüten VI – X.

Sparrige Binse *Juncus squarrosus* L. Fam. Binsengewächse (*Juncaceae*) Mehrjährige Pflanze, 15 – 30 cm hoch. Kräftiger, aufrechter Stengel. Starre, borstig abstehende Grundblätter. Blüten zahlreich in ziemlich dichtem Blütenstand. Perigonblätter etwa so lang wie die reifende Kapsel. Nicht häufig, aber gesellig in Magerweiden, an Moorwegen und in Heidemooren. Vor allem in Nordeuropa verbreitet. Blüten VI – VII.

Aufnahme 25. Juli

Glieder-Binse *Juncus articulatus* L. Fam. Binsengewächse (*Juncaceae*) Mehrjährige Pflanze, 20–50 cm hoch. Stengel kräftig, aufrecht oder aufsteigend. Obere Stengelblätter mit runder Spreite, durch innere Querwände (als Knoten spürbar) gekammert. Blütenstand rispig, locker, reichverzweigt. Blüten etwa 5 mm lang, zu 3–10 in kleinen, zusammengezogenen Büscheln. Äußere Perigonblätter lanzettlich, innere eiförmig, rötlich-dunkelbraun, nur selten grünlich. Häufig in Wiesenmooren, auf Naßwiesen, an Gräben und Ufern auf stau- oder sickernassen Böden. Formenreich. Blüten VII–IX.

Aufnahme 19. August

Spitzblütige Binse *Juncus acutiflorus* EHRH. ex HOFFM. Fam. Binsengewächse (*Juncaceae*) Mehrjährige Pflanze, 30–100 cm hoch. Aufrechter, nur am Grunde zusammengedrückter Stengel. Blätter hellgrün, durch Querwände gekammert, im trockenen Zustand runzlig gestreift. Blüten in dichten Büscheln in reichverzweigter, lockerer Rispe (Spirre). Äußere Perigonblätter deutlich kürzer als die inneren. Schnabel der Kapsel überragt die Blütenhülle. Ziemlich häufig und gesellig in nassen Wiesen und Gräben, an Moorrändern und Quellen. Fehlt im Hochgebirge. Blüten VII–IX.

Aufnahme 29. Juni

Salz-Binse *Juncus gerardii* LOISEL. Fam. Binsengewächse (*Juncaceae*) Mehrjährige Pflanze, 15–50 cm hoch. Stengel annähernd stielrund, nur wenig beblättert. Blütenstand endständig. Blüten einzeln an kurzen Spirrenästen. Perigonblätter etwa 3 mm lang, kastanien- oder dunkelbraun mit feinem, grünem Mittelnerv und am Rande hell umsäumt, nur wenig kürzer als die reifende Kapsel. Vor allem an den Küsten in Salzwiesen (Außendeichwiesen) oder auf salzhaltigem Sandstrand verbreitet. Im Binnenland sehr selten. Blüten VI–VII.

Zwiebel-Binse *Juncus bulbosus* Aufnahme 29. Juni

Aufnahme 29. Juni

Zwiebel-Binse *Juncus bulbosus* L. Fam. Binsengewächse (*Juncaceae*) Mehrjährige Pflanze, 3–30 cm hoch. Je nach Standort von sehr unterschiedlichem Wuchs mit kriechendem, flutendem, aufsteigendem oder aufrechtem Stengel. Stengelbasis oft zwiebelartig verdickt. Blütenstand rispig, wenig verzweigt. Blätter dünn, undeutlich querwandig. Perigonblätter lanzettlich, grün oder kastanienbraun (siehe Abbildung links). Formenreich. Pionierpflanze auf Schlammböden. Zerstreut an Seeufern, Gräben, in Flachmooren und Tümpeln. Blüten VII – IX.

Aufnahme 25. Juli

Aufnahme 29. Juni

Aufnahme 31. Mai

Zusammengedrückte Binse, Platthalm-Binse *Juncus compressus* JAQU. Fam. Binsengewächse (*Juncaceae*) Mehrjährige Pflanze, 15 – 30 cm hoch. Aufrechter oder aufsteigender, flachgedrückter Stengel. Blätter flach oder wenig rinnig, sehr schmal. Blütenstand rispig, meist locker verzweigt und vom untersten Tragblatt überragt. Perigonblätter etwa 2 mm lang, hell- bis gelbbraun, mit breitem Hautrand. Kapsel deutlich länger als die Blütenhülle, annähernd kugelig. Verbreitet bis zerstreut an feuchten Wegen, Teichufern und Grabenrändern. Blüten VII – VIII.

Blaugrüne Binse *Juncus inflexus* L. Fam. Binsengewächse (*Juncaceae*) Mehrjährige Pflanze, 30 – 70 cm hoch. Stengel meist steif aufrecht. Stengel und Blätter graugrün bis blaugrün, deutlich rippig-längsstreifig, durch markige Querwände gekammert. Blütenstand scheinbar seitenständig, weil er vom untersten Tragblatt überragt wird, locker verzweigt. Perigonblätter rötlich mit grünem Mittelstreif, eiförmig stumpf; die inneren mit breitem Hautsaum. Verbreitet bis häufig an Wegen, Ackerrändern und in feuchten Wiesen auf schweren, meist verdichteten Böden. Blüten VI – VIII.

Rasige Haarsimse *Trichophorum cespitosum* (L.) HARTM. Fam. Riedgrasgewächse (*Cyperaceae*) Mehrjährige Pflanze, 10 – 40 cm hoch. Aufrechter, stielrunder, grüner Stengel. Meist in dichten Horsten. Blattspreiten fehlen oder sind nur als kurze Spitzen an den vorhandenen Blattscheiden ausgebildet. Blüten in aufrechten, endständigen Ährchen von gelblich-rostbrauner Farbe. Ährchen 3- bis 7blütig. Zerstreut in Hochmooren und Quellsümpfen von der Ebene bis ins Hochgebirge. Blütezeit V – VI.

Flatter-Binse *Juncus effusus* Aufnahme 4. Juli

Aufnahme 4. Juli

Aufnahme 25. Juli

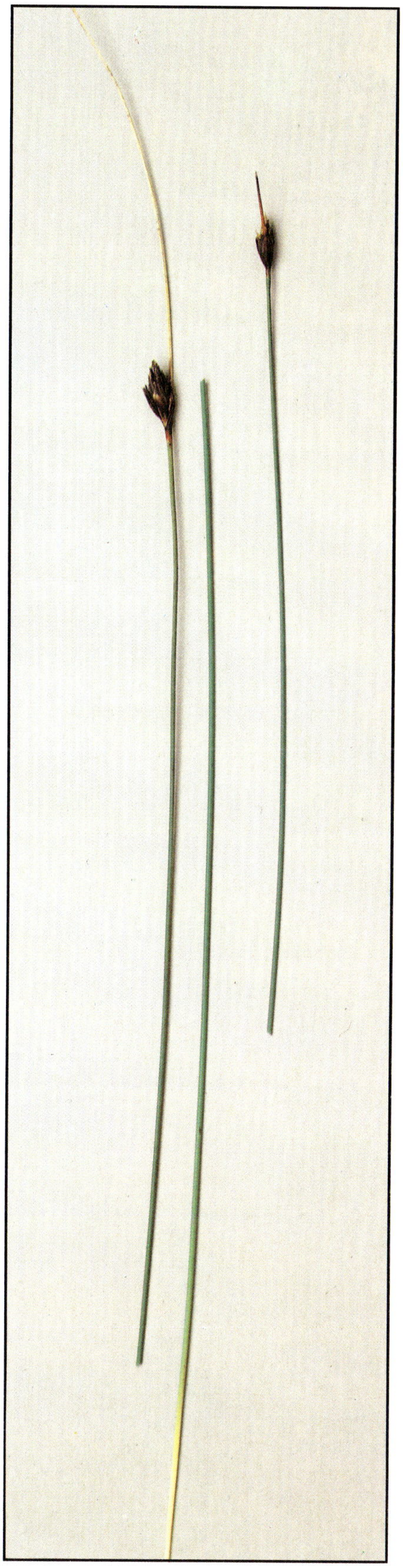

Aufnahme 29. Juni

Flatter-Binse *Juncus effusus* L. Fam. Binsengewächse (*Juncaceae*) Mehrjährige Pflanze, 30 – 150 cm hoch. Glatter, glänzender, gelbgrüner Stengel, der nur im trockenen Zustand viele feine Riefen erkennen läßt. Blütenstand (Spirre) meist locker, seltener dicht zusammengezogen, vom Tragblatt weit überragt. Stengel und Blätter mit zusammenhängendem, ungekammertem Mark. Verbreitet an Wegen, Quellmooren oder in feuchten Wiesen, Blüten VI – VIII. Ähnlich:
Knäuel-Binse *Juncus conglomeratus* L. em. LEERS. Pflanze etwa 20 – 100 cm hoch. Stengel graugrün, kaum glänzend. Scheide des Blütenstandtragblattes aufgeblasen. Blüten V – VII.

Borstige Schuppensimse *Isolepis setacea* (L.) R. BR. Fam. Riedgrasgewächse (*Cyperaceae*) Einjährige Pflanze, 2 – 10 cm hoch. Aufrechter, stielrunder Stengel, oft auch gebogen oder aufsteigend. Blattscheiden rötlich, die oberen mit kurzer, spitzer Spreite. Ährchen zu 1 – 4kopfig genähert, scheinbar seitenständig, von langem Tragblatt zur Seite gedrängt. Spelzen mit grünem Kiel, sonst bräunlich. Zerstreut an nassen Wegen oder am Ufer von Seen und Teichen. Blüten VII – X.

Schwarzes Kopfried *Schoenus nigricans* L. Fam. Riedgrasgewächse (*Cyperaceae*) Mehrjährige Pflanze, 15 – 50 cm hoch. Aufrechter, runder Stengel. Blattscheiden dunkel- oder schwarzbraun. Blüten zu mehreren in Köpfchen aus 5 – 10 Ährchen. Spelzen schwarzbraun bis schwarz. Blütenstand wird vom Tragblatt weit überragt. Ziemlich selten in Kalkflachmooren. Blüten VI – VII.

Aufnahme 21. Juni

Gemeine Sumpfsimse *Eleocharis palustris* (L.) R. et SCH. Fam. Riedgrasgewächse (*Cyperaceae*) Mehrjährige Pflanze; 5 – 100 cm hoch. Stengel fest, ziemlich steif, aufrecht, mattgrün, nicht glänzend, im trockenen Zustand mit sehr feinen Riefen. Bildet weitreichende Ausläufersysteme. Blüten in unauffälligen, länglich-spitzen Ährchen, die am Grunde zwei blütenlose Hüllspelzen tragen. Verbreitet bis ziemlich häufig in Naßwiesen, an Gräben, in Großseggensümpfen oder nährstoffreichen Röhrichten. Formenreich. Blüten V – VIII.

Aufnahme 17. August

Wenigblütige Sumpfsimse *Eleocharis quinqueflora* (F. X. HARTM.) O. SCH. Fam. Riedgrasgewächse (*Cyperaceae*) Mehrjährige Pflanze, etwa 5 – 15 cm hoch. Aufrechter, kräftiger, jedoch nicht starrer Stengel, am Grunde mit zahlreichen, schwärzlichen, ziemlich derben Blattscheiden. Rhizom kurz, mit langen Ausläufern. Ährchen meist 3- bis 7blütig, länglich-oval, braunrot. Zerstreut bis selten in Quell- und Flachmooren. Auch im Küstenbereich in Brackwasser. Blüten V – VI.

Aufnahme 21. Juni

Einspelzige Sumpfsimse *Eleocharis uniglumis* (LINK) SCHULT. Fam. Riedgrasgewächse (*Cyperaceae*) Mehrjährige Pflanze, 5 – 40 cm hoch. Aufrechter oder gebogener, ziemlich derber Stengel, meist glänzend hellgrün. Ährchen schlank zugespitzt, am Grunde nur mit einer blütenlosen Hüllspelze, die den Ährchengrund fast ganz einfaßt. Übrige Spelzen etwa 4 – 5 mm lang, in 4 – 6 Schrägzeilen angeordnet. Ziemlich zerstreut bis selten in Riedern, an Gräben, in nassen Wiesen und Senken. Auch im Küstenbereich. Blüten V – VIII.

Aufnahme 7. August

Aufnahme 12. Juli

Aufnahme 25. Juli

Langes Zypergras *Cyperus longus* L. Fam. Riedgrasgewächse (*Cyperaceae*) Mehrjährige Pflanze, 50 – 120 cm hoch. Kantiger, mitunter etwas zusammengedrückter Stengel. Blütenstand rispig, von Tragblättern überragt. Rispenäste zahlreich, bis 30 cm lang. Blüten in Ährchen, diese etwa 2 – 3 cm lang mit hellhautrandigen, grünen Spelzen. Sehr selten auf tonigen bis schlammigen Böden in Großseggenbeständen. Mediterran-atlantische Pflanze, in Mitteleuropa nur im Bodenseegebiet. Blüten VII – IX.

Gemeine Kugelsimse, Gemeine Kopfsimse *Holoschoenus romanus* (L.) FRITSCH. Fam. Riedgrasgewächse (*Cyperaceae*) Mehrjährige Pflanze, 30 – 100 cm hoch. Fast runder, aufrechter Stengel. Blütenstand besteht aus 3 kugeligen Köpfen, von denen einer sitzt und die übrigen gestielt sind. Blütenstand von Tragblättern weit überragt. Mediterrane Art. Sehr selten und meist nur verschleppt in Naßweiden, Sumpfwiesen, an Fluß- oder Teichufern. Blüten VI – VIII.

Gemeine Teichsimse *Schoenoplectus lacustris* (L.) PALLA. Fam. Riedgrasgewächse (*Cyperaceae*) Mehrjährige Pflanze, 100 – 400 cm hoch. Stielrunder, glatter, dunkelgrasgrüner, aufrechter Stengel, meist blattlos. Nur am Grunde braune bis purpurne Blattscheiden. Rispe doldig zusammengezogen, endständig, vom Tragblatt nur wenig überragt. Ährchen vielblütig, etwa 1 cm lang, meist zu 3 – 5 an den längeren Rispenästen. Verbreitet bis häufig in lichten Beständen im Röhricht stehender oder langsam fließender flacher Gewässer. Blüten V – VII.

Salz-Teichsimse *Schoenoplectus tabernaemontani* Aufnahme 29. Juni

Aufnahme 29. Juni

Salz-Teichsimse *Schoenoplectus tabernaemontani* (C. C. GMEL.) PALLA. Fam. Riedgrasgewächse (*Cyperaceae*) Mehrjährige Pflanze, etwa 60 – 150 cm hoch. Aufrechter, stielrunder, grau- bis bräunlichgrüner Stengel, meist blattlos. Blütenstand rispig, meist stark zusammengezogen. Spelzen mit zahlreichen dunklen Punkten. Zerstreut auf salzhaltigen Schlickböden. Meist in dichten Beständen (Aufnahme links). Vor allem im Küstengebiet. Blüten VI – VII.

Aufnahme 16. Juli

Gemeine Strandsimse *Bolboschoenus maritimus* (L.) PALLA. Fam. Riedgrasgewächse (*Cyperaceae*) Mehrjährige Pflanze, 30 – 100 cm hoch. Aufrechter, beblätterter, rauher, scharf dreikantiger Stengel. Blätter schmal-linealisch. Blütenstand dicht gedrängt, meist kopfig, von Tragblättern überragt. Einzelne Ährchen etwa 10 – 20 mm lang. Verbreitet bis zerstreut in Röhrichten in Brack- und Salzwasser. Vor allem im Küstenbereich. Blüten VI – VIII.

Aufnahme 7. Juni

Wald-Simse, Flecht-Simse *Scirpus sylvaticus* L. Fam. Riedgrasgewächse (*Cyperaceae*) Mehrjährige, ansehnliche Pflanze, 60 – 100 cm hoch. Hohler, aufrechter oder überbogener Stengel. Blätter etwa 1 cm breit, am Rande angerauht. Blüten in 4 – 5 mm langen, einzelnen oder gebüschelten Ährchen. Blütenstand sehr groß, locker, reichverzweigt, mit bis zu 15 cm langen Rispenästen. Auf grundwassernahen, nährstoffreichen Böden in Sümpfen, Wiesen oder Auenwäldern verbreitet. Blüten V – VII.

Aufnahme 12. Juni

Aufnahme 21. Juni

Aufnahme 6. August

Platthalm-Quellried, Flaches Quellried *Blysmus compressus* (L.) PANZ. ex LINK. Fam. Riedgrasgewächse (*Cyperaceae*) Mehrjährige Pflanze mit kriechendem Rhizom und kurzen Ausläufern. Stengel aufrecht, etwas zusammengedrückt. Blätter lebhaft grün, gekielt, am Rande rauh, etwa 3 – 4 mm breit. Ähre flach zusammengedrückt. Ährchen zu 5 – 12 sitzend, mit je 6 – 8 Blüten. Spelzen spitz zulaufend, grüner Mittelstreif. Zerstreut auf sickernassen, nährstoffreichen Böden in Quellmooren, auf Naß- und Salzwiesen, feuchten Waldwegen. Blüten VI – VII.

Scheidiges Wollgras *Eriophorum vaginatum* L. Fam. Riedgrasgewächse (*Cyperaceae*) Mehrjährige Pflanze, 30 – 60 cm hoch. Aufrechter, unten rundlicher, im oberen Teil deutlich dreikantiger Stengel. Blattscheiden der Stengelblätter aufgeblasen. Spreiten der Stengelblätter graugrün, etwas rauh. Blüten in einzelnem, endständigem Ährchen. Jede Blüte ist von mehreren Borsten umstanden, die sich zur Fruchtzeit auf 3 – 4 cm lange Haare verlängern. Wichtiger Torfbildner in Hoch- und Birkenmooren. Blütezeit III – IV. Fruchtzeit V – VII.

Breitblättriges Wollgras *Eriophorum latifolium* HOPPE. Fam. Riedgrasgewächse (*Cyperaceae*) Mehrjährige Pflanze, 30 – 60 cm hoch. Deutlich dreikantiger, aufrechter oder nur wenig überbogener Stengel. Stengelblätter flach, etwa 3 – 8 mm breit, ihre Blattscheiden eng anliegend. Endständiger Blütenstand mit 5 – 12 gestielten Ährchen; Ährchenstiele rauh. Pflanze meist sehr dichtrasig, aber ohne Ausläufer. Zerstreut in nährstoffarmen, oft kalkhaltigen Flach- und Quellmooren. Blüten V – VI. Fruchtzeit VI – VIII.

Schmalblättriges Wollgras *Eriophorum angustifolium* Aufnahme 31. Mai

Aufnahme 31. Mai

Schmalblättriges Wollgras *Eriophorum angustifolium* HONCK. Fam. Riedgrasgewächse (*Cyperaceae*) Mehrjährige Pflanze, etwa 30 – 60 cm hoch. Pflanze meist lockerrasig mit langen, kriechenden Ausläufern. Stengel aufrecht, fast stielrund. Blattspreiten graugrün, etwas rinnig, gekielt, derb, etwa 3 – 6 mm breit und in eine schlanke Spitze verschmälert. Blütenstand endständig mit 3 – 6 langgestielten Ährchen. Blüten zwittrig. Blüten IV – V. Fruchtzeit VI – VII. Verbreitet in Flach- und Zwischenmooren.

Aufnahme 5. Juni

Forsters Hainsimse *Luzula forsteri* (SM.) DC. Fam. Binsengewächse (*Juncaceae*) Mehrjährige Pflanze, 15 – 30 cm hoch. Aufrechter, stielrunder Stengel. Grundblätter etwa 2 – 3 mm breit, am Rande lang gewimpert; Stengelblätter schmäler. Blütenstand fast wie eine Schirmrispe. Blüten einzeln, langgestielt. Perigonblätter mit breitem, hellem Hautrand; äußere grannenartig zugespitzt, fast so lang wie die gelbgrüne oder gelbe Kapsel. Ziemlich selten in Laubmischwäldern. Blüten IV – V.

Aufnahme 5. Mai

Haar-Hainsimse *Luzula pilosa* (L.) WILLD. Fam. Binsengewächse (*Juncaceae*) Mehrjährige Pflanze, 15 – 30 cm hoch. Aufrechter, rundlicher Stengel. Meist in dichten Rasen. Blattspreiten bis etwa 1 cm breit und am Rande auffallend bewimpert. Blütenstand rispig, mit aufrechten, später zurückgeschlagenen Ästen, an denen meist 1, seltener 2 Blüten sitzen. Perigonblätter etwa 3 – 4 mm lang, dunkelbraun. Verbreitet in Laubwäldern, Gebüschen, auf Waldschlägen und an Säumen. Blüten IV – V.

Aufnahme 12. Juni

Schmalblättrige Hainsimse *Luzula luzuloides* (LAMK.) DANDY et WILM. Fam. Binsengewächse (*Juncaceae*) Mehrjährige Pflanze, 30 – 70 cm hoch. Aufrechter Stengel. Blätter etwa 3 – 5 mm breit, am Rande dicht und lang bewimpert. Rispe aufrecht, anfangs schmal-zusammengezogen, später locker und oft überhängend. Blüten zu 2 – 6 gebüschelt. Perigonblätter selten braun, meist gelblich-weiß. In bodensauren Laubmischwäldern, Gebüschen und Magerwiesen. Im Süden etwas häufiger. Nördlich der Mittelgebirge ziemlich selten. Blüten VI – VII.

Große Hainsimse *Luzula sylvatica* Aufnahme 12. Juni

Aufnahme 12. Juni

Große Hainsimse, Wald-Hainsimse *Luzula sylvatica* (HUDS.) GAUDIN. Fam. Binsengewächse (*Juncaceae*) Auffallende Pflanze, 30 – 90 cm hoch. Kräftiger, aufrechter Stengel. Blätter etwa 10 – 15 mm breit, glänzend dunkelgrün, etwas starr, flach, am Rande lang gewimpert. Blütenstand wesentlich länger als sein Tragblatt. Blüten etwa 3 – 4 mm lang, zu 3 bis 5 gebüschelt. Verbreitet in bodensauren Wäldern und Gebüschen. Vor allem in höheren Mittelgebirgslagen. In den Alpen auch auf Matten und in Latschenkiefernbeständen. Blüten V – VI.

Aufnahme 5. Mai

Aufnahme 31. Mai

Aufnahme 7. Juli

Gemeine Hainsimse *Luzula campestris* (L.) DC. Fam. Binsengewächse (*Juncaceae*) Mehrjährige Pflanze 5 – 20 cm hoch, mit kurzen Ausläufern. Blätter etwa 1 – 4 mm breit. Blütenstand fast doldig mit 2 – 5 fast kugeligen, ungefähr gleichlang gestielten Ährchen mit je 5 – 12 Blüten. Perigonblätter alle etwa gleichlang, braun bis schwärzlich. Häufig und weit verbreitet in bodensauren Magerrasen, Halbtrockenrasen, Heiden und sandigen Standorten. Blüten III – IV.

Vielblütige Hainsimse *Luzula multiflora* (RETZ.) LEJ. Fam. Binsengewächse (*Juncaceae*) Mehrjährige Pflanze, 20 – 50 cm hoch. Runder, aufrechter Stengel. Meist ohne Ausläufer. Blüten in länglichen, meist 8- bis 16blütigen Ährchen auf schräg aufwärts gerichteten Stielen. Gehört zusammen mit der Gemeinen Hainsimse in einen Formenkreis und ist mit dieser Art durch Übergangsformen verbunden. Verbreitet in Wiesen und Magerrasen. Blüten IV – V.

Hasenpfoten-Segge *Carex leporina* L. Fam. Riedgrasgewächse (*Cyperaceae*) Mehrjährige Pflanze, 20 – 60 cm hoch. Aus der Gruppe der gleichährigen Seggen mit aufrechtem oder aufsteigendem, scharf dreikantigem Stengel. Blattspreiten grün, derb, meist etwas rauh. Ähre aus 5 – 6 dichtblütigen (unten ♂, oben ♀) Ährchen. Schläuche geflügelt, allmählich in den Schnabel verschmälert. Verbreitet in Magerrasen, Feuchtwiesen und lichten Wäldern. Ausnahmsweise als Wildfutter geeignet. Blüten VI – VII.

Aufnahme 29. Juni

Sand-Segge *Carex arenaria* L. Fam. Riedgrasgewächse (*Cyperaceae*) Mehrjährige Pflanze, 15–40 cm hoch. Langes, kriechendes Rhizom und aufrechter, scharf dreikantiger Stengel. Blätter graugrün, etwa 3–4 mm breit, starr, oberseits etwas rinnig, bogig überhängend. Blütenstand mit 6–20 dichtstehenden Ährchen. Blüten eingeschlechtig, von je einer lanzettlichen Spelze gedeckt. Auf nährstoffarmen Sandböden. Besonders in Dünen und trockenen Kiefernwäldern. Im Norden verbreitet, nach Süden sehr zerstreut. Übersandungsfest. Blüten V–VI.

Aufnahme 28. Juni

Falsche Fuchs-Segge *Carex otrubae* PODB. Fam. Riedgrasgewächse (*Cyperaceae*) Mehrjährige Pflanze, 30–80 cm hoch. Dreikantiger, schwach geflügelter, aufrechter Stengel. Blattscheiden hellbraun, kaum zerfasert. Blattspreiten grün bis graugrün. Blütenstand am Grunde unterbrochen. Schläuche der Blüten waagerecht abstehend, mit deutlichem Flügelrand. Zerstreut in Naßwiesen, Großseggenriedern und Erlenbruchwäldern. Im Nordwesten etwas häufiger. Blüten V–VII.

Aufnahme 26. Juni

Rispen-Segge *Carex paniculata* L. Fam. Riedgrasgewächse (*Cyperaceae*) Mehrjährige Pflanze, 40–100 cm hoch, aus der Gruppe der gleichährigen Seggen. Stengel kräftig, aufrecht. Blattspreiten flach, ziemlich rauh, bogig. Blütenstand rispig, meist wesentlich lockerer als beim abgebildeten Exemplar; unterste Rispenäste bis 4 cm lang und häufig abstehend. Ährchen eiförmig, mit breitovalen, stachelspitzigen, hautrandigen Spelzen. Verbreitet in nassen Wiesen, Erlenbrüchern und Großseggenbeständen. Blüten V–VI.

Aufnahme 20. Juni

Dichtährige Segge *Carex spicata* HUDS. Fam. Riedgrasgewächse (*Cyperaceae*) Mehrjährige Pflanze, 20 – 60 cm hoch, aus der Gruppe der gleichährigen Seggen. Stengel aufrecht oder schlaff, dreikantig, nur wenig rauh. Blattspreiten 2 – 5 mm breit. Blütenstand etwa 2 – 4 cm lang, ziemlich dicht, nur selten unterbrochen. Schläuche zur Zeit der Fruchtreife am Grunde schwammig verdickt. Verbreitet bis zerstreut an Waldsäumen, in Gebüschen und auf Lichtungen. Blüten V – VI.

Aufnahme 28. Juni

Geteilte Segge *Carex divisa* HUDS. Fam. Riedgrasgewächse (*Cyperaceae*) Mehrjährige Pflanze, 15 – 80 cm hoch, aus der Gruppe der gleichährigen Seggen, Stengel bogig aufsteigend, schlaff oder aufrecht, sehr schlank. Blütenstand bis etwa 2 cm lang, mit dichtgedrängten Ährchen; am Grunde mit steifem, aufrechtem Tragblatt. In Feuchtwiesen, Seggenröhrichten und Marschen. Nur in Nordwesteuropa. Blüten V – VI.

Aufnahme 5. Juni

Unterbrochenährige Segge *Carex divulsa* STOKES. Fam. Riedgrasgewächse (*Cyperaceae*) Mehrjährige Pflanze, 20 – 60 cm hoch. Aufsteigender, meist schlaffer Stengel. Blütenstand ährig, insgesamt etwa 5 – 10 cm lang. Ährchen um das 2- bis 3fache ihrer Länge voneinander entfernt. Schläuche schräg aufrecht stehend, nicht spreizend. Selten bis zerstreut in Laubmischwäldern, Gebüschen, Säumen und auf Lichtungen. Blüten V – VIII.

Aufnahme 30. Juni

Winkel-Segge *Carex remota* L. Fam. Riedgrasgewächse (*Cyperaceae*) Mehrjährige Pflanze, etwa 30 – 60 cm hoch. Aufsteigender, meist aber schlaffer, undeutlich dreikantiger Stengel. Blattspreiten hellgrün, etwa 2 mm breit, schlaff. Blütenstand sehr lang; Ährchen bis 5 cm voneinander entfernt in der Achsel laubblattartiger Tragblätter; nur im oberen Teil des Blütenstandes etwas dichter. Verbreitet in feuchten Laubwäldern, an Waldsäumen und in Quellfluren. Blüten VI – VII.

Aufnahme 29. Juni

Stern-Segge, Igel-Segge *Carex echinata* MURRAY. Fam. Riedgrasgewächse (*Cyperaceae*) Mehrjährige Pflanze, 10 – 40 cm hoch. Aufrechter oder bogig aufsteigender Stengel, dreikantig mit nach außen gewölbten Flächen. Ähre locker. Ährchen bis 1 cm voneinander entfernt, igelartig rundlich, allseitswendig. Spelzen grünlich bis olivbraun, stumpf oval, kürzer als die gelbbraunen Schläuche. Zerstreut bis verbreitet in Heidemooren, Sumpfwiesen und Borstgrasrasen. Blüten V – VI.

Aufnahme 22. Juni

Floh-Segge *Carex pulicaris* L. Fam. Riedgrasgewächse (*Cyperaceae*) Mehrjährige Pflanze, 10 – 15 cm hoch, aus der Gruppe der einährigen Seggen. Stengel stielrund, aufsteigend oder aufrecht. Blattspreiten schmal und borstlich. Ähre locker. Zur Fruchtzeit werden die Spelzen abgeworfen und die Schläuche zurückgeschlagen (siehe Abbildung). Selten bis zerstreut in meist kalkarmen Flach- und Quellmooren. Nach Norden etwas häufiger. Blüten V – VI.

Aufnahme 22. Juni

Aufnahme 22. Mai

Aufnahme 21. Juni

Geschwärzte Segge, Trauer-Segge *Carex atrata* L. Fam. Riedgrasgewächse (*Cyperaceae*) Mehrjährige Pflanze, 15 – 60 cm hoch. Stengel aufsteigend oder aufrecht, nur im oberen Teil scharf dreikantig. Blattspreiten der Grundblätter hellgrün. Blütenstand mit 2 – 4 nickenden, dikken, etwa 2 cm langen Ährchen; das oberste am Grunde ♂, oben ♀, die übrigen alle rein ♀. Spelzen schwarzbraun, manchmal mit grünem Mittelstreifen. Nur in den Alpen in Geröllhalden, auf steinigen Weiden oder Felsen ab etwa 1500 m Höhe. Blüten VI – VIII.

Berg-Segge *Carex montana* L. Fam. Riedgrasgewächse (*Cyperaceae*) Mehrjährige Pflanze, 10 – 30 cm hoch. Starr aufrechter, später häufig niederliegender, stumpf dreikantiger Stengel. Blattscheiden der Grundblätter meist dunkelrot. Blütenstand mit 1 oder 2 kopfig gedrungenen Ährchen. Spelzen schwarzviolett, verkehrt eiförmig, stachelspitzig. Verbreitet in wärmeliebenden Laubmischwäldern, Gebüschen und Halbtrokkenrasen, meist auf kalkhaltigem Boden. Im Norden selten. Blüten III – V.

Wiesen-Segge *Carex nigra* (L.) REICHARD. Fam. Riedgrasgewächse (*Cyperaceae*) Mehrjährige Pflanze, 5 – 25 cm hoch. Steif aufrechter oder am Grunde bogig aufsteigender, scharf dreikantiger Stengel. Blattspreiten graugrün, steif, meist aufwärts weisend. Blütenstand mit wenig entfernten, kurzwalzlichen Ährchen. Spelzen schwarzbraun mit hellgrünem Hautsaum und Kiel. Ziemlich häufig in kalkarmen Flach- und Quellmooren, in Feuchtwiesen und an Gräben. Blüten V – VI.

Haarstiel-Segge *Carex capillaris* Aufnahme 5. Juli

Aufnahme 5. Juli

Haarstiel-Segge *Carex capillaris* L. Fam. Riedgrasgewächse (*Cyperaceae*) Mehrjährige Pflanze, 8–30 cm hoch. Meist aufrechter, dreikantiger Stengel. Häufig dichtrasig. Blütenstand mit lockerblütigen Ährchen. Weibliche Ährchen auf haardünnen Stielen, oft überhängend. Sehr zerstreut in sickernassen Quell- und Flachmooren der Alpen. Die Standortaufnahme (links) zeigt im Hintergrund die Blüten des Stengellosen Leimkrauts (*Silene acaulis*). Blüten V–VII.

Aufnahme 7. Juni

Aufnahme 30. Juni

Aufnahme 22. Juni

Verarmte Segge *Carex depauperata* GOOD. Fam. Riedgrasgewächse (*Cyperaceae*) Mehrjährige Pflanze, 30 – 60 cm hoch, aus der Gruppe der verschiedenährigen Seggen. Stengel deutlich dreikantig. Blattspreiten grasgrün, etwa 3 – 5 mm breit. Weibliche Ähren auf kräftigen, aufrechten Stielen, meist 4- bis 6blütig. Männliche Ähren schlanker, an der Spitze des Blütenstandes. Ziemlich selten in wärmeliebenden Laubmischwäldern. Im Süden und Südwesten etwas häufiger. Pflanze von submediterran-atlantischer Verbreitung. Blüten IV – V.

Gelb-Segge *Carex demissa* HORNEM. Fam. Riedgrasgewächse (*Cyperaceae*) Mehrjährige Pflanze, 10 – 40 cm hoch. Aufrechter oder aufsteigender Stengel. Blattspreiten flach, etwas steif, aufrecht oder bogig. Oberste Ähre im Blütenstand ♂, ziemlich schlank; untere Ähren kugelig-eiförmig, mit abspreizenden, geschnäbelten Schläuchen. Verbreitet in sickernassen, meist kalkreichen Quell- und Flachmooren. Formenreiche Gruppe mit zahlreichen Kleinarten unterschiedlicher ökologischer Ansprüche. Blüten VI – VII.

Bleich-Segge *Carex pallescens* L. Fam. Riedgrasgewächse (*Cyperaceae*) Mehrjährige Pflanze, 20 – 50 cm hoch. Aufrechter, deutlich dreikantiger Stengel. Blattspreiten hellgrün, etwas schlaff, um 2 – 4 mm breit. Oberste Ähre im zusammengezogenen Blütenstand ♂, schmal; darunter 2 – 3 hellgrüne, kurz walzliche ♀ Ähren. Schläuche alle ungeschnäbelt. Verbreitet in Waldschlägen und an Waldsäumen, in feuchten Wiesen und an Gebüschen. Blüten V – VII.

Aufnahme 30. Mai

Frühlings-Segge *Carex caryophyllea* LATOUR. Fam. Riedgrasgewächse (*Cyperaceae*) Mehrjährige Pflanze, 5 – 30 cm hoch. Aufrechter, schwach dreikantiger Stengel. Blattspreiten nelkenartig blaugrün, bis 4 mm breit, etwas rinnig, steif, bogig zurückgekrümmt. Blütenstand aus 2 – 4 genäherten, aufrecht stehenden Ährchen zusammengesetzt. Oberstes Ährchen ♂, rostbraun; die übrigen heller braun und oval-walzlich. Verbreitet bis selten in Halbtrockenrasen, Magerrasen und Heiden. Blüten IV – V.

Aufnahme 29. Juni

Entferntährige Segge *Carex distans* L. Fam. Riedgrasgewächse (*Cyperaceae*) Mehrjährige Pflanze, 20 – 50 cm hoch. Aufrechter, dreikantiger Stengel. Blütenstand weit auseinandergezogen. Oberstes Ährchen ♂, 2 – 3 cm lang, braun; darunter 2 – 3 walzliche ♀-Ährchen mit braunen, grüngesäumten Spelzen, in der Achsel laubblattartiger Tragblätter. Nur im Küstengebiet häufiger auf Salzböden der Strandwiesen. Blüten VI – VII.

Aufnahme 6. Juni

Zweinervige Segge *Carex binervis* SM. Fam. Riedgrasgewächse (*Cyperaceae*) Mehrjährige Pflanze, 30 – 100 cm hoch. Aufrechter, deutlich dreikantiger Stengel. Meist horstig mit längeren Ausläufern. Ährchen des Blütenstandes weit voneinander entfernt in den Achseln laubblattartiger Tragblätter. Schläuche der weiblichen Blüten zur Fruchtzeit mit zwei deutlich hervortretenden Kielen (Nerven). Art des atlantischen Verbreitungstyps. In Feuchtheiden. Ziemlich selten. Im Gebiet an der Ostgrenze der Verbreitung. Blüten V – VI.

Aufnahme 2. Juni

Behaarte Segge, Rauhe Segge *Carex hirta* L. Fam. Riedgrasgewächse (*Cyperaceae*) Mehrjährige Pflanze, 10 – 80 cm hoch. Aufsteigender oder aufrechter, stumpf dreikantiger Stengel. Blattspreiten grün, wie die übrigen Teile meist dicht behaart. Blütenstand locker, mit entfernten ♂-(schlank, blaßbraun) und ♀-(hellgrün) Ährchen. Schläuche lang geschnäbelt, gelbgrün, später bräunlich. Spelzen trockenhäutig. Verbreitet auf trockenen Standorten, an Wegen, Böschungen, Wiesen und Säumen. Blüten V – VI.

Aufnahme 7. Juni

Faden-Segge *Carex lasiocarpa* EHRH. Fam. Riedgrasgewächse (*Cyperaceae*) Mehrjährige Pflanze, etwa 30 – 100 cm hoch. Aufrechter, deutlich kantiger Stengel. Blattspreiten graugrün, unter 2 mm breit, rinnig, wie die Blattscheiden völlig kahl. Im Unterschied dazu sind die Schläuche auf der gesamten Oberfläche dicht behaart. Spelzen stachelspitzig oder kurz begrannt. Zerstreut bis verbreitet in kalkarmen Flach- und Zwischenmooren und in Gräben oder Schlenken von Hochmooren. Blüten VI – VII.

Aufnahme 5. Juni

Blaugrüne Segge *Carex flacca* SCHREBER. Fam. Riedgrasgewächse (*Cyperaceae*) Pflanze mehrjährig, etwa 10 – 60 cm hoch. Meist aufrechter, stumpf dreikantiger Stengel. Blattscheiden braun oder rötlich, Blattspreiten blaugrün, etwa 2 – 6 mm breit. Blütenstand mit 2 – 3 schmal-zylindrischen ♂-Ährchen und darunter 1 – 3 ♀-Ährchen auf langen Stielen. Schläuche anfangs gelblich, später schwarz. Spelzen braunrot mit grünem Nerv. Verbreitet bis häufig in Kalkhalbtrockenrasen und in kalkreichen Flachmooren. Blüten V – VII.

Aufnahme 29. Juni

Aufnahme 10. Juni

Aufnahme 7. Juli

Strand-Segge *Carex extensa* GOOD. Fam. Riedgrasgewächse (*Cyperaceae*) Mehrjährige Pflanze, 10 – 40 cm hoch. Aufrechter, undeutlich dreikantiger Stengel. Blattspreiten graugrün, um 2 mm breit, aber meist eingerollt. ♂-Ährchen schmal, schlank; ♀-Ährchen länglich-eiförmig. Schläuche dreikantig. Spelzen stachelspitzig. Zerstreut bis verbreitet an den Küsten auf Salz- und Strandwiesen. Fehlt im Binnenland. Blüten VII – VIII.

Hirse-Segge *Carex panicea* L. Fam. Riedgrasgewächse (*Cyperaceae*) Mehrjährige Pflanze, 10 – 50 cm hoch. Aufrechter oder aufsteigender, dreikantiger Stengel. Blattspreiten graugrün, 1 – 5 mm breit, an der Spitze rauh. Blütenstand locker; ♀-Ährchen etwa 3 cm lang, lockerblütig mit gelbgrünen, kurz geschnäbelten, kugeligen Schläuchen. Spelzen dunkelbraun, grünnervig, ziemlich kurz. Häufig bis verbreitet in feuchten Wiesen und Flachmooren. Blüten V – VI.

Wald-Segge *Carex sylvatica* HUDS. Fam. Riedgrasgewächse (*Cyperaceae*) Mehrjährige Pflanze, 30 – 70 cm hoch. Glatter, dreikantiger, etwas schlaffer Stengel. Blattspreiten hellgrün, am Rande schwach rauh, überhängend. Blütenstand mit 6 – 8 langgestielten, oft hängenden, schlanken Ährchen; das oberste ♂ und gelbgrün, die übrigen ♀ und blaßgrün. Spelzen breit hautrandig. Verbreitet an Waldwegen, in krautreichen Wäldern, auf Schlägen an Säumen. Im Norden sehr selten. Blüten VI – VII.

Aufnahme 10. Juni

Aufnahme 6. Juli

Aufnahme 7. Juli

Hänge-Segge, Große Segge *Carex pendula* HUDS. Fam. Riedgrasgewächse (*Cyperaceae*) Mehrjährige, ansehnliche Pflanze, 50 – 150 cm hoch. Scharf dreikantiger, aufrechter Stengel, der die Grundblätter weit überragt. Blattspreiten derb, dunkelgrün, 1 – 2 cm breit, flach, gekielt, oft rauh. Blütenstand einseitswendig mit einem ♂-Ährchen und 4 – 7 ♀-Ährchen um 7 – 10 cm Länge. Spelzen und Schläuche grünlich. Zerstreut in Laubmischwäldern, Quellfluren und an Gräben. Im Norden sehr selten. Blüten VI – VII.

Scheinzyper-Segge *Carex pseudocyperus* L. Fam. Riedgrasgewächse (*Cyperaceae*) Mehrjährige Pflanze, 40 – 100 cm hoch. Aufrechter, kräftig dreikantiger Stengel. Blattspreiten flach, etwa 5 – 10 mm breit, hellgrün, am Rande rauh. Blütenstand mit 4 – 7, an langen Stielen hängenden, um 4 cm langen Ährchen. Tragblätter der Ährchen laubblattartig. Schläuche langgeschnäbelt, länger als die lanzettlich zugespitzten Spelzen. Zerstreut bis selten in Großseggenriedern, Röhrichten an Ufern und in Gräben. Blüten VI – VII.

Blasen-Segge *Carex vesicaria* L. Fam. Riedgrasgewächse (*Cyperaceae*) Mehrjährige Pflanze, 30 – 80 cm hoch, oft in dichten Beständen. Stengel aufrecht, scharf dreikantig. Blattspreiten meist über 5 mm breit, hellgrün. Schläuche eiförmig bis kegelförmig, allmählich in den Schnabel verschmälert. Scheiden der Grundblätter deutlich netzfaserig. Verbreitet in Großseggenriedern, Weidensümpfen, Moorgräben und Bruchwäldern. Blüten VI.

Ufer-Segge *Carex riparia* Aufnahme 7. Juni

Aufnahme 7. Juni

Ufer-Segge *Carex riparia* CURT. Fam. Riedgrasgewächse (*Cyperaceae*) Mehrjährige Pflanze, 50 – 150 cm hoch, oft in großen, dichten Beständen. Größte der einheimischen Arten. Stengel aufrecht, scharf dreikantig. Blattspreiten 1 – 2 cm breit, flach. Blattscheiden kaum netzfaserig. Ährchen des Blütenstandes oft lang gestielt und dann nickend, etwa 8 – 10 mm dick. Schläuche graubraun, etwas aufgeblasen. Zerstreut bis selten in Großseggenriedern, Erlenbrüchern, Gräben, nassen Wiesen und an Ufern. Blüten VI – VII.

Aufnahme 7. Juni

Aufnahme 29. August

Aufnahme 4. Juli

Sumpf-Segge *Carex acutiformis* EHRH. Fam. Riedgrasgewächse (*Cyperaceae*) Mehrjährige Pflanze, 30 – 120 cm hoch. Rauher, scharf dreikantiger, aufrechter Stengel. Blattscheiden netzfaserig, hellbraun bis purpurn. Blattspreiten blaugrün, flach, 5 – 10 mm breit, rauh. Blütenstand mit 2 – 4 ♂-Ährchen (aufrecht, walzlich, bis 4 cm lang) und 2 – 4 Ährchen (schlank, 1 – 6 cm lang, oft sehr kurz gestielt). Schläuche kurz geschnäbelt, die Spelzen nur wenig überragend. Verbreitet in Erlenbrüchern, Flachmooren und nassen Wiesen. Blüten VI – VII.

Schnabel-Segge *Carex rostrata* STOKES Fam. Riedgrasgewächse (*Cyperaceae*) Mehrjährige Pflanze, 30 – 70 cm hoch. Steif aufrechter, aber stumpf dreikantiger Stengel. Oft in dichten Beständen. Ausläufervermehrung. Blattspreiten blaugrün, 3 – 5 mm breit und z. T. über 1 m lang. Blütenstand mit 2 – 3 ♂-Ährchen und darunter 3 – 5 ♀-Ährchen, aufrecht bis nickend. Schläuche etwa 5 mm lang, kugelig aufgeblasen, lang geschnäbelt. Verbreitet bis häufig in nassen Wiesen, an Ufern, Gräben und in Sümpfen. Blüten V – VI.

Breitblättriger Rohrkolben *Typha latifolia* L. Fam. Rohrkolbengewächse (*Typhaceae*) Mehrjährige Pflanze, 1 – 2 m hoch. Dicker Wurzelstock und aufrechter, markiger Stengel. Blattspreiten und -scheiden blaugrün, ziemlich breit, manchmal höher als der Blütenstand. Hellfarbiger oberer Blütenstand (Kolben) mit ♂-Blüten, samtiger dunkelbrauner Kolben (unten) mit ♀-Blüten, beide kaum oder höchstens bis 3 cm getrennt. Weit verbreitet in Röhrichten und Verlandungsgürteln. Blüten VII – VIII.

Schmalblättriger Rohrkolben *Typha angustifolia* Aufnahme 25. Juli

Aufnahme 25. Juli

Schmalblättriger Rohrkolben *Typha angustifolia* L. Fam. Rohrkolbengewächse (*Typhaceae*) Mehrjährige Pflanze, bis 3 m hoch. Aufrechter, runder Stengel. Blätter grasgrün, auf der Unterseite wenig gewölbt. Männlicher und weiblicher Blütenstand 3 – 6 cm voneinander entfernt. Weit verbreitet, aber nicht allzu häufig in Gräben, an Ufern, in Teichröhrichten und Verlandungszonen stehender oder langsam fließender Gewässer. Blüten VII – VIII.

Aufnahme 5. Juni

Borstgras *Nardus stricta* L. Fam. Süßgräser (*Poaceae*) Mehrjähriges Ährengras, 10–30 cm hoch. Steif aufrechte Stengel und Blätter in dichten, graugrünen Horsten. Ähre schmal, einseitswendig, anfangs borstenförmig, mit schräg abstehenden, einblütigen Ährchen. Hüllspelzen verkümmert, Deckspelzen kurzgrannig. Ziemlich häufig auf sauren Böden in Heiden, Weiden, moorigen Wiesen in den höheren Mittelgebirgslagen. Wenig ergiebiges Weidegras. Blüten V – VI.

Aufnahme 10. Mai

Sand-Zwerggras *Mibora minima* (L.) DESV. Fam. Süßgräser (*Poaceae*) Einjähriges Ährengras, 3–10 cm hoch. Niederliegende oder aufsteigende Stengel. Ähre sehr schmal, fadendünn gestielt. Ährchen sehr klein, einblütig. Seltenes, unbeständiges Gras auf trockenen, meist kalkarmen und ruderal beeinflußten Sandstandorten. In Deutschland nur im Rhein-Main-Gebiet, sonst meist verschleppt. Blüten III – VI.

Aufnahme 28. Juni

Gekrümmter Dünnschwanz *Parapholis strigosa* (Dum.) C. E. HUBB. Fam. Süßgräser (*Poaceae*) Einjähriges Ährengras, 5–20 cm hoch. Aufsteigende oder liegende, ziemlich steife Stengel. Ähre sehr schmal. Ährchen zweizeilig, fast ganz in Aussparungen der Ährenspindel eingesenkt, 1- bis 2blütig. Zerstreut bis selten in Salzwiesen und offenen, sandigen, aber salzimprägnierten Sandstandorten der Küsten. Blüten VI – VII.

Aufnahme 26. Juni

Hunds-Quecke *Agropyron caninum* (L.) P. B. Fam. Süßgräser (*Poaceae*) Mehrjähriges Ährengras, bis 150 cm hoch. Aufrechte oder am Grunde knickige Stengel in lockeren Horsten. Blattspreiten bis 12 mm breit, oberseits matt graugrün, unterseits glänzend dunkelgrün. Ähre schlaff, oft überhängend. Ährchen 10 – 20 mm lang, meist 5blütig, hellgrün. Granne der Deckspelze etwas geschlängelt. Häufig bis verbreitet in Laubwäldern, Auwäldern und Gebüschen, an Wegrändern und in Unkrautgesellschaften. Nach Norden seltener. Blüten VI – VII.

Aufnahme 28. Juli

Schottische Quecke *Agropyron donianum* F. B. WHITE. Fam. Süßgräser (*Poaceae*) Mehrjähriges Ährengras, 50 – 100 cm hoch. Aufrechter oder knickiger Stengel. Blätter kahl, etwa 10 – 15 mm breit, am Rande mitunter eingerollt. Ähre schmal. Granne der Deckspelze viel kürzer als das Ährchen. Sehr seltenes Gras auf felsigem Untergrund, meist in Gewässernähe. Nur in Schottland von wenigen Standorten bekannt. Blüten VII – VIII.

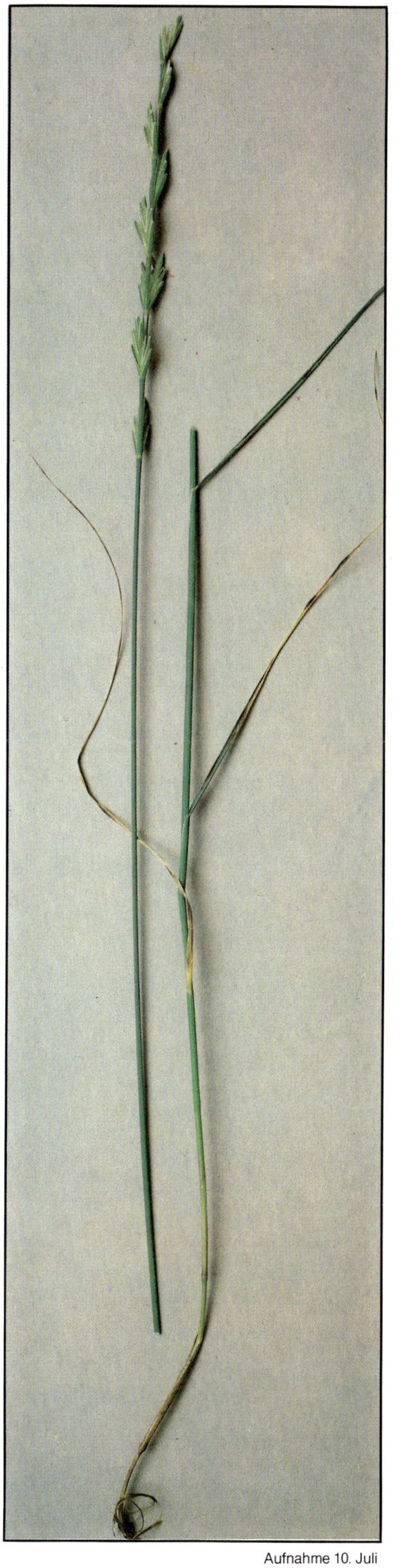

Aufnahme 10. Juli

Strand-Quecke, Strandweizen *Agropyron junceum* (L.) P. B. Fam. Süßgräser (*Poaceae*) Mehrjähriges Ährengras; 30 – 80 cm hoch. Starr aufrechter Stengel. Nerven der Blattoberseite ziemlich dick, engstehend, samtig behaart. Ährchen undeutlich zweizeilig, ziemlich breit, etwa 2 cm lang, 5- bis 8blütig. Vor allem im Küstenbereich am Hochflutsaum bei der Bildung von Vordünen und Weißdünen beteiligt, da es den Flutsand zum Stehen bringt und festigt. Blüten VI – VIII.

Aufnahme 10. Juli

Aufnahme 28. Juni

Aufnahme 4. Juli

Dünen-Quecke, Dichtährige Quecke *Agropyron littorale* DUM. Fam. Süßgräser (*Poaceae*) Mehrjähriges Ährengras mit aufrechtem oder am Grunde häufiger knickigem Stengel, etwa 30 – 60 cm hoch. Blätter sehr steif, meist eingerollt; dadurch verdecken die stark hervortretenden Blattnerven das grüne Blattgewebe fast vollständig. Ähre bis 10 cm lang, sehr dicht. Ährchen zweizeilig. Hüllspelze etwa 10 mm lang, spitz oder kurz stachelspitzig. Zerstreut an den Küsten in Vordünen. Blüten V – VII.

Gemeine Quecke *Agropyron repens* (L.) P. B. Fam. Süßgräser (*Poaceae*) Mehrjährige, meist dichtrasige Pflanze, 30 – 150 cm hoch, mit langkriechendem Rhizom und Ausläufern sowie aufrechtem, kahlem Stengel. Blattspreiten 3 – 15 cm breit, grün bis blaugrün, am Grunde mit Öhrchen. Ähre aufrecht mit breitseits ansitzenden, meist 5blütigen Ährchen. Hüllspelze etwa ¾ so lang wie das Ährchen, zugespitzt oder kurzgrannig. Häufiges Gras in Unkrautgesellschaften von Wegen, Gärten, Äckern. Blüten VI – VII.

Italienisches Raygras, Vielblütiger Lolch *Lolium multiflorum* LAMK. Fam. Süßgräser (*Poaceae*) Ein- oder zweijähriges Ährengras, bis 1 m hoch. Aufrechte, oberwärts meist immer rauhe Stengel. Blattspreite bis 1 cm breit, am Grunde lang geöhrt. Ährchen über 1 cm lang, 10- bis 20blütig. Deckspelzen begrannt. Raschwüchsiges Futtergras und vielfach angebaut. Ursprünglich nur im Mittelmeergebiet. Blüten VI – VIII. Ähnlich:

Taumel-Lolch *Lolium temulentum* L. Kann nach Pilzinfektion sehr giftig sein. Hüllspelzen viel länger als das Ährchen, Deckspelzen lang begrannt. Kulturbegleiter, aber selten geworden.

Aufnahme 5. Juni

Deutsches Weidelgras, Englisches Raygras *Lolium perenne* L. Fam. Süßgräser (*Poaceae*) Mehrjähriges Ährengras, 10 – 60 cm hoch, in ausgebreiteten Horsten. Blattspreiten um 6 mm breit, kurzgeöhrt. Blattscheiden glatt. Ährchen mit der Schmalseite an der Ährenachse, etwa 1 cm lang. Deckspelze stets unbegrannt. Hüllspelze kürzer als das Ährchen. Sehr häufig in Wiesen, Weiden und Zierrasen. Wichtiges Weidegras. Kulturbegleiter und weltweit verbreitet. Blüten V – X.

Aufnahme 12. Juli

Zweizeilige Gerste *Hordeum distichon* L. Fam. Süßgräser (*Poaceae*) Einjähriges Ährengras, 60 – 120 cm hoch. Blattöhrchen am Spreitengrund lang, kahl, stengelumfassend und übereinandergreifend. Ähre meist nickend. Ährchen zu 3 in kleinem Büschel, davon bei dieser Art nur das mittlere Ährchen fruchtbar. Selbstbefruchter. Seit der jüngeren Steinzeit als Kulturpflanze (Sommergerste) angebaut. Verwendung vor allem als Braugerste. Blüten VI – VII.

Aufnahme 12. Juli

Sechszeilige Gerste *Hordeum vulgare* L. Fam. Süßgräser (*Poaceae*) Einjährig-überwinterndes Ährengras, 60 – 120 cm hoch. Blattöhrchen am Spreitengrund lang, kahl, übereinandergreifend. Ährchendrillinge der Ähre alle fruchtbar; entweder nur die äußeren Ährchen abstehend (Vierzeilige Gerste) oder alle Ährchen von der Spindel abgerückt (Sechszeilige Gerste). Seit der jüngeren Steinzeit als Kulturpflanze, überwiegend als Wintergetreide, angebaut. Blüten V – VI.

Mäuse-Gerste *Hordeum murinum* Aufnahme 1. Juni

Aufnahme 1. Juni

Mäuse-Gerste *Hordeum murinum* L. Fam. Süßgräser (*Poaceae*) Meist einjähriges Ährengras, 15–40 cm hoch, in lichten Horsten. Stengel dünn, schwach, oft knickig aufsteigend. Obere Blattscheiden aufgeblasen. Blattspreiten hellgrün bis gelbgrün, etwa 4–6 mm breit, am Grunde kurzgeöhrt. Ähre ziemlich dicht, 6–8 cm lang, aufrecht. Ährchen zu dritt an der Ährenspindel, einblütig, sehr schmal, etwa 12 mm lang. Hüll- und Deckspelzen bis 3 cm lang begrannt. Häufig in Unkrautgesellschaften an Wegen und Mauern. Blüten VI–X.

Aufnahme 12. Juli

Saat-Roggen *Secale cereale* L. Fam. Süßgräser (*Poaceae*) Einjähriges oder überwinterndes Ährengras, 70 – 200 cm hoch. Stengel und Blattspreiten bläulich bereift. Blattöhrchen am Spreitengrund kurz, kahl. Ligula bis 2 mm lang. Ähre nickend, mit langbegrannten, 2blütigen Ährchen. Fremdbefruchter. Seit der Bronzezeit als Kulturpflanze (Sommer-/Winterroggen) angebaut. Früher häufig von Mutterkornpilzen befallen. Blüten V – VI.

Aufnahme 12. Juli

Saat-Weizen *Triticum aestivum* L. Fam. Süßgräser (*Poaceae*) Einjähriges oder überwinterndes Ährengras, 70 – 160 cm hoch. Ähren meist aufrecht. Spreitengrund der dunkelgrünen Blätter mit langen, übereinandergreifenden, behaarten oder gewimperten Öhrchen. Ligula kurzgestutzt. Ährchen 2- bis 4blütig, bauchig, mit breiter Hüllspelze. Formenreich. Seit der Steinzeit als Kulturpflanze bekannt. Heute in vielen Sorten (Sommer-/Winterweizen) angebaut. Blüten VI – VII.

Aufnahme 12. Juli

Rauh-Weizen *Triticum turgidum* L. Fam. Süßgräser (*Poaceae*) Einjähriges Ährengras, 70 – 120 cm hoch. Ähren meist aufrecht. Ährenspindel wie beim Saat-Weizen zäh und unzerbrechlich. Ährchen dicht gedrängt, gewöhnlich langbegrannt. Kulturweizen, der vor allem im Mittelmeergebiet angebaut wird und sich für mitteleuropäisches Klima kaum eignet. Gehört zur Emmer-Reihe der anbaufähigen Weizen. Blüten VI – VII.

Aufnahme 19. Juni

Aufnahme 26. Juni

Aufnahme 28. Juni

Strandroggen, Blauer Helm *Elymus arenarius* (L.) HOECHST Fam. Süßgräser (*Poaceae*) Mehrjähriges Ährengras, 60 – 120 cm hoch. Kriechendes Rhizom und lange Ausläufer. Stengel und Blätter blaugrün. Blattspreiten steif, oberseits rauh, etwas stechend, bis 10 mm breit, oft eingerollt. Ähre bis 30 cm lang und 2 cm breit. Ährchen 3blütig. An den Küsten in Weißdünen (Pionierpflanze!) ziemlich häufig, sonst selten und meist verschleppt. Blüten VI – VIII.

Waldgerste *Hordelymus europaeus* (L.) JESSEN ex HARZ. Fam. Süßgräser (*Poaceae*) Mehrjähriges Ährengras, 60 – 120 cm hoch. Steif aufrechter Stengel. Ohne Ausläufer. Blattscheiden unten zottig behaart. Blattspreiten flach, grasgrün. Ligula sehr klein. Ähre aufrecht, dick, dicht. Ährchen über 2 cm lang, einblütig, schmal, meist hellgrün. Deckspelzen steif begrannt. Zerstreut bis selten in anspruchsvollen Laubmischwäldern auf Kalkuntergrund. Blüten VI – VIII.

Fieder-Zwenke *Brachypodium pinnatum* (L.) P. B. Fam. Süßgräser (*Poaceae*) Mehrjähriges Ährengras, 60 – 100 cm hoch. Kriechendes Rhizom. Ähre aufrecht. Granne kürzer als die Deckspelze. Verbreitet in Halbtrocken- und Trockenrasen, Trockengebüsch und lichten Waldsäumen. Blüten VI – VII. Ähnlich:
Wald-Zwenke *Brachypodium sylvaticum* (HUDS.) P. B. Dichtrasiges Ährengras mit schlaffem Stengel und überhängenden Blättern. Ähre meist nickend. Ährchen mindestens so lang wie die Deckspelze begrannt. Verbreitet in anspruchsvollen Laubmischwäldern. Blüten VII.

Aufnahme 19. Juni

Sand-Lieschgras *Phleum arenarium* L. Fam. Süßgräser (*Poaceae*) Einjähriges Ährenrispengras, 5 – 25 cm hoch. Liegender oder knickig aufsteigender Stengel. Ährenrispe (Scheinähre) mit etwas verlängerten Seitenästen, daher beim Umbiegen lappig, eiförmig bis kurzwalzlich, etwa 1 – 4 cm lang. Hüllspelze lanzettlich, zugespitzt. Selten in den Dünen der Küstengebiete und in offenen Flugsandrasen des Rheintals. Blüten V – VI.

Aufnahme 26. Juni

Knolliges Lieschgras *Phleum bertolinii* DC. Fam. Süßgräser (*Poaceae*) Mehrjähriges Ährenrispengras, 10 – 50 cm hoch. Niederliegender oder knickig aufsteigender, dünner Stengel. Blattspreiten 2 – 3 mm breit. Ährenrispe (= Scheinähre) 1 – 6 cm lang und bis 6 mm breit, zylindrisch, mit stumpfem Ende. Verbreitet in Halbtrockenrasen der Kalkgebiete. Häufig auch als Unterart des Wiesen-Lieschgrases (s. S. 48) aufgefaßt. Blüten VII.

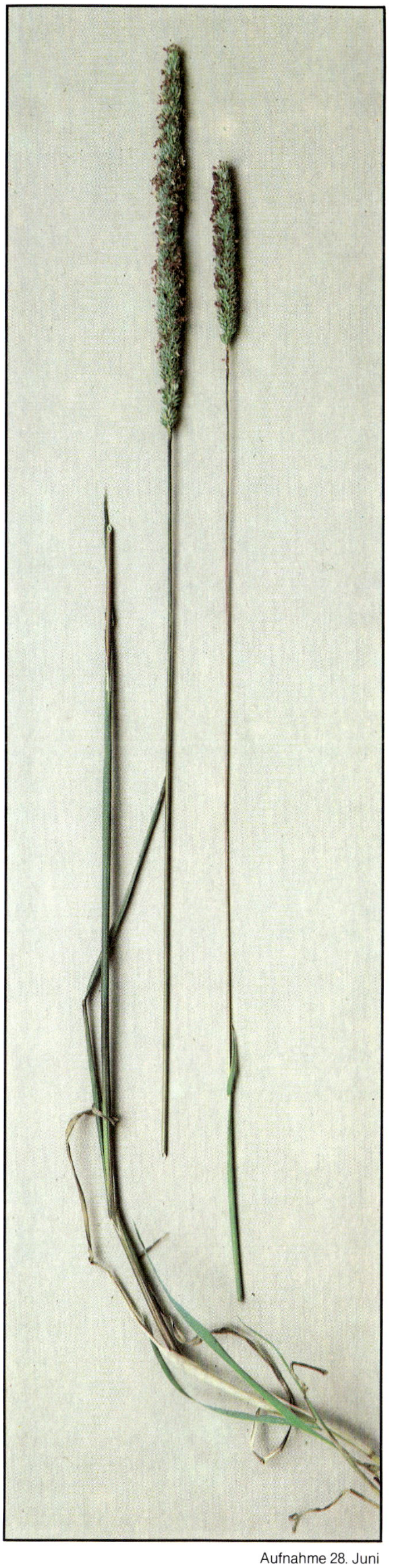

Aufnahme 28. Juni

Steppen-Lieschgras, Glanz-Lieschgras *Phleum phleoides* (L.) KARSTEN. Fam. Süßgräser (*Poaceae*) Mehrjähriges Ährenrispengras, 30 – 60 cm hoch. Aufrechter, aber meist dünner Stengel. Ährenrispe mit verlängerten Seitenästen, daher beim Umbiegen lappig. Zerstreut bis selten in Trocken- und Halbtrockenrasen, an Rainen und in lichten Kiefernwäldern. Fehlt im Norden. Blüten VI – VII.

Aufnahme 22. Juni

Aufnahme 12. Juni

Aufnahme 1. Juni

Wiesen-Lieschgras, Timotheegras *Phleum pratense* L. Fam. Süßgräser (*Poaceae*) Mehrjähriges Ährenrispengras in lockeren Horsten bis 100 cm hoch. Stengel aufrecht. Blattscheiden eng anliegend. Blattspreiten hell-blaugrün, etwa 3 – 8 mm breit. Ligula bis 5 mm lang. Ährenrispe (Scheinähre) beim Umbiegen nicht lappig, bis 30 cm lang. Ährchen etwa 4 mm lang, weißlich-blaugrün. Häufig in Wiesen und Weiden oder an Wegrändern. Blüten VI – VIII.

Knick-Fuchsschwanz *Alopecurus geniculatus* L. Fam. Süßgräser (*Poaceae*) Einjähriges Ährenrispengras, 15 – 40 cm hoch. Niederliegender oder knickig aufsteigender Stengel. Blattscheiden nur wenig oder nicht aufgeblasen. Ährenrispe dünnwalzlich. Ährchen bis 3 mm lang. Staubbeutel anfangs hellgelb, später rost- oder kaffeebraun. Verbreitet an nassen Gräben, in Weg- und Wiesenmulden. Meist übersehen. Blüten V – X.

Acker-Fuchsschwanz *Alopecurus myosuroides* HUDS. Fam. Süßgräser (*Poaceae*) Meist einjähriges Ährenrispengras, 20 – 50 cm hoch, in lockeren Horsten. Stengel meist aufrecht. Blattscheiden schwach aufgeblasen. Blattspreiten 4 – 9 mm breit, oberseits rauh. Scheinähre walzlich, 4 – 9 cm lang. Ährchen breit-eiförmig, seidig begrannt. Häufig auf lehmig-tonigen Äckern, an Wegrändern und in Gärten. Blüten V – X.

Aufnahme 30. Mai

Wiesen-Fuchsschwanz *Alopecurus pratensis* L. Fam. Süßgräser (*Poaceae*) Mehrjähriges Ährenrispengras, 30 – 200 cm hoch. Kurzes, kriechendes Rhizom. Stengel aufrecht, mitunter etwas knickig, an den Knoten wurzelnd. Spreite oberseits rauh, 3 – 9 mm breit, mit langer Ligula. Scheinähre dick-walzlich, 4 – 8 cm lang, bis 1 cm dick. Ährchen seidig begrannt. Häufig in Wirtschaftswiesen und -weiden. Formenreich. Blüten V – VI.

Aufnahme 3. August

Fuchsrote Borstenhirse *Setaria pumila* (POIRET) R. et SCH. Fam. Süßgräser (*Poaceae*) Einjähriges Ährenrispengras, 5 – 40 cm hoch. Niederliegender oder aufsteigender Stengel. Blattspreiten graugrün, zum Grunde hin schwach behaart. Ligula in Haarreihe aufgelöst. Ährchen dicht gedrungen, bis 3 mm lang, mit 3 (!) Hüllspelzen. Am Ährchenstiel zusätzlich 4 – 7 anfangs gelbe, später fuchsrote Borsten bis 9 mm Länge. Verbreitet an Äckern, in Weinbergen und an Wegrändern. Blüten VII – X.

Aufnahme 26. Juni

Großes Schillergras, Große Kammschmiele *Koeleria pyramidata* (LAMK.) P. B. Fam. Süßgräser (*Poaceae*) Mehrjähriges Ährenrispengras, 30 – 100 cm hoch, in meist lockeren Rasen. Blattscheiden locker, kahl oder gewimpert, mitunter auch kurzhaarig. Blattspreiten 2 – 3 mm breit. Ligula nur 1 mm lang. Rispe ährig zusammengezogen, bis 15 cm lang. Ährchen 2- bis 4blütig, silbrig glänzend, manchmal grünlich überlaufen. Zerstreut auf trockenen Wiesen und Halbtrockenrasen. Blüten VI – VII.

Strandhafer *Ammophila arenaria* Aufnahme 4. Juli

Aufnahme 4. Juli

Strandhafer *Ammophila arenaria* (L.) LINK. Fam. Süßgräser (*Poaceae*) Mehrjähriges Ährenrispengras, 60 – 100 cm hoch. Reich verzweigtes, sehr tiefreichendes Wurzelwerk. Stengel steif aufrecht. Blattspreite bis 3 mm breit, fast kahl, meist eingerollt und daher borstlich, bogig überhängend. Ährenrispe (Scheinähre) dicht zusammengezogen, bis 15 cm lang. Wenig salztolerante, jedoch sehr übersandungsfeste Art. Zur Festlegung von Weißdünen häufig angepflanzt. Nur im Küstengebiet. Blüten VI – VII.

Aufnahme 10. Mai

Gemeines Ruchgras *Anthoxanthum odoratum* L. Fam. Süßgräser (*Poaceae*) Mehrjähriges Ährenrispengras, 15 – 45 cm hoch, in kleinen Horsten. Stengel meist aufrecht oder aufsteigend. Blattspreiten 3 – 5 mm breit, nur am Grunde wenig behaart, gelblich grün. Rispe stark ährig zusammengezogen, von eiförmigem Umriß. Ährchen bis 8 mm lang, einblütig, von den Grannen nicht überragt. Beim Trocknen starker Waldmeister (Cumarin-)Geruch. Häufig an Wegen, Weiden, in Triften und Wiesen. Blüten V – VI.

Aufnahme 10. Mai

Kalk-Blaugras *Sesleria varia* (JAQU.) WETTST. Fam. Süßgräser (*Poaceae*) Mehrjähriges Ährenrispengras, 10 – 45 cm hoch, in meist dichten Rasen, Stengel aufrecht. Blattspreiten 1 – 5 mm breit, blaß- bis blaugrün, jedoch nicht weißlich bereift, flach oder etwas gefaltet. Ährchen 4 – 5 mm lang, blau, meist 2blütig. Deckspelzen mit 3 – 5 Zähnchen. Kalkstete Art in Trocken- und Halbtrockenrasen, in Fels- und Schotterfluren. Zerstreut bis verbreitet. Fehlt im Norden. Blüten III – VI.

Aufnahme 16. Juni

Kammgras *Cynosurus cristatus* L. Fam. Süßgräser (*Poaceae*) Mehrjähriges Ährenrispengras, 20 – 60 cm hoch, in dichten, aber kleinen Horsten. Stengel meist aufrecht, ziemlich dünn. Blattspreiten oberseits glänzend grün, unterseits matt blaugrün, 2 – 4 mm breit, schwach rinnig. Rispe ährig zusammengezogen, kammartig gelappt, oft auch einseitswendig. Ährchen 3 – 4 mm lang, 2- bis 4blütig, von je einem sterilen Ährchen begleitet, das bis 10 stachelspitzige Spelzen trägt. Ziemlich häufig an Wegrändern, in Wiesen und Weiden. Blüten VI – VII.

Aufnahme 7. Juni

Igel-Kammgras *Cynosurus echinatus* L. Fam. Süßgräser (*Poaceae*) Einjähriges Ährenrispengras, 20 – 60 cm hoch. Aufsteigender oder aufrechter Stengel, meist einzeln. Blattscheiden eng anliegend. Blattspreiten hellgrün, bis 8 mm breit. Ligula 3 – 7 mm lang. Ährenrispe aufrecht, von eiförmigem Umriß, einseitswendig. Ährchen 7 – 10 mm lang. Pflanze aus dem Mittelmeergebiet. Meist nur verschleppt und unbeständig im Bereich von Bahn- und Hafenanlagen. Blüten V.

Aufnahme 7. Juni

Samtgras *Lagurus ovatus* L. Fam. Süßgräser (*Poaceae*) Einjähriges Ährenrispengras, 10 – 50 cm hoch. Aufrechter Stengel. Blattscheiden etwas aufgeblasen. Blattspreite kurz, flach, weichhaarig. Ährenrispe aufrecht, kugelig bis eiförmig, weißlich, weichhaarig, 2 – 7 cm lang. Ährchen 8 – 10 mm lang, mit langen, dünnen Grannen. Südeuropäische Art. In Mitteleuropa meist nur vorübergehend eingebürgert. Selten an sandigen, trockenen Standorten. Blüten V – VII.

Aufnahme 4. Juli

Hunds-Straußgras *Agrostis canina* L. Fam. Süßgräser (*Poaceae*) Mehrjähriges Rispengras, 20 – 50 cm hoch, in lockeren Horsten. Stengel aufrecht oder bogig aufsteigend. Blattspreiten flach, bis knapp 3 mm breit, grün oder graugrün. Ligula um 3 mm lang. Rispe locker, vor und nach der Blüte jedoch zusammengezogen. Rispenäste rauh. Ährchen einblütig, meist dunkelpurpurn. Zerstreut auf nassen Böden, in Feuchtheiden, Moorschlenken, Verlandungszonen nährstoffarmer Gewässer. Blüten VI – VIII.

Aufnahme 10. Juli

Riesen-Straußgras, Fioringras *Agrostis gigantea* ROTH. Fam. Süßgräser (*Poaceae*) Mehrjähriges Rispengras, 40 – 120 cm hoch. Aufrechter, dünner Stengel und kräftige, unterirdische Ausläufer. Blattspreiten ziemlich kurz, etwa 5 – 8 mm breit. Rispe locker, aufrecht, durch abspreizende Rispenäste in mehrere Stockwerke eingeteilt. Verbreitet in Naßwiesen, Halbtrockenrasen, Uferröhrichten und an feuchten Waldstellen. Formenreich. Blüten VI – VII.

Aufnahme 26. Juni

Quirl-Straußgras *Agrostis semiverticillata* (FORSK.) C. CHRIST. Fam. Süßgräser (*Poaceae*) Ein- oder mehrjähriges Rispengras, 10 – 60 cm hoch. Aufsteigender oder aufrechter Stengel. Blattscheiden eng anliegend. Blattspreiten flach, ziemlich kurz. Ligula um 5 mm. Rispe meist dicht zusammengezogen, Rispenäste sehr kurz. Pflanze des Mittelmeergebietes. In Mitteleuropa meist nur unbeständig im Bereich von Bahn- oder Hafenanlagen und anderen Umschlagplätzen. Blüten VI – VIII.

Aufnahme 29. Juni

Borstiges Straußgras *Agrostis setacea* CURT. Fam. Süßgräser (*Poaceae*) Mehrjähriges Rispengras, 10 – 60 cm hoch. Dünner, aufrechter Stengel. Blattspreiten sehr schmal, meist zusammengerollt und deswegen steif-borstig oder pfriemlich. Pflanze graugrün. Rispe sehr schmal, 3 – 10 cm hoch. Ährchen 3 – 4 mm lang. Verbreitet in trockenen Mooren und Heiden. Pflanze atlantischer Verbreitung. Nur in Nordwesteuropa. Blüten VI – VII.

Aufnahme 10. Juli

Aufnahme 26. Juni

Aufnahme 3. Juli

Weißes Straußgras, Flecht-Straußgras *Agrostis stolonifera* L. Mehrjähriges Rispengras, 10–70 cm hoch, ohne unterirdische Ausläufer, aber meist mit langen, oberirdisch kriechenden, beblätterten Trieben. Stengel meist sehr ästig, aufsteigend oder liegend. Rispe nach der Blüte zusammengezogen. Blattspreiten grün, 2–6 mm breit. Verbreitet an Gräben, in feuchten Wäldern, besonders auch in den Salzwiesen des Küstengebietes. Blüten VI–VII.

Rotes Straußgras *Agrostis tenuis* SIBTH. Fam. Süßgräser (*Poaceae*) Mehrjähriges Rispengras, 20–80 cm hoch, meist in dichten oder wenig aufgelockerten Rasen. Stengel dünn, aufrecht oder knickig aufsteigend. Ligula bis 2 mm lang. Rispe ziemlich locker. Ährchen einblütig, meist rotviolett, auf sehr dünnen Stielen. Formenreich. Häufig in Magerrasen, Magerweiden, in lichten Laubmischwäldern und Heiden. Blüten VI–VII.

Rohr-Glanzgras *Phalaris arundinacea* L. Fam. Süßgräser (*Poaceae*) Hohes, schilfähnliches Rispengras, 80–250 cm hoch. Stengel meist einzeln, derb, aufrecht, Blattscheiden mit hellem Hautrand. Blattspreiten graugrün, 8–15 mm breit, an Rand und Spitze rauh. Ligula etwa 6 mm lang. Rispe aufrecht, 10–20 cm lang, etwas geknäult. Ährchen einblütig, bleichgrün bis rötlich, 4–5 mm lang. Verbreitet in Uferröhrichten, Auenwäldern, Erlenbrüchern. Auch als weißstreifige Zierform. Blüten VI–VII.

Aufnahme 6. Juli

Aufnahme 26. Juni

Aufnahme 25. Juli

Gemeiner Windhalm *Apera spica-venti* (L.) P. B. Fam. Süßgräser (*Poaceae*) Einjähriges oder überwinterndes Rispengras, 30 – 120 cm hoch. Dünner, aufrechter Stengel. Blattscheiden eng. Blattspreiten flach, mit langer Spitze, rauh, 2 – 5 mm breit. Ligula um 6 mm lang. Rispe meist sehr locker (die Abbildung zeigt eine noch nicht vollständig aufgeblühte Pflanze), bis 30 cm lang, sehr zierlich gebaut. Verbreitet bis häufig an Schuttstellen, in Gärten und vor allem in Getreidefeldern als lästiges Unkraut. Blüten VI – VII.

Sumpf-Reitgras *Calamagrostis canescens* (WEBER) ROTH. Fam. Süßgräser (*Poaceae*) Mehrjähriges Rispengras, kriechender Wurzelstock und lange Ausläufer, 60 – 120 cm hoch. Blattspreiten hellgraugrün, ziemlich steif, 3 – 4 mm breit, manchmal etwas gerollt. Ligula 2 – 4 mm lang. Rispe nur während der Blüte ausgebreitet, sehr regelmäßig aufgebaut. Ährchen schmal, 4 – 8 mm lang, blaß oder violett überlaufen. Zerstreut in Bruchwäldern, Weiden- und Großseggensümpfen. Blüten VII – VIII.

Land-Reitgras *Calamagrostis epigejos* (L.) ROTH. Fam. Süßgräser (*Poaceae*) Mehrjähriges Rispengras, 100 – 160 cm hoch, in oft dichten Beständen. Stengel aufrecht, oberwärts rauh. Blattscheiden rauh, Blattspreiten graugrün, 5 – 10 mm breit, steif, nur selten eingerollt. Ligula bis 9 mm lang. Rispe steif aufrecht, etwas gelappt, blaßgrün. Ährchen 5 – 6 mm lang, länglich zugespitzt. Häufig in Gebüschen, Schlägen, an Säumen und Lichtungen. Blüten VII – VIII.

Aufnahme 10. Mai

Wald-Flattergras *Milium effusum* L. Fam. Süßgräser (*Poaceae*) Mehrjähriges Rispengras, 60 – 120 cm hoch. Aufrechter, glatter, glänzender Stengel. Blattspreiten grün bis bläulichgrün, 10 – 15 mm breit, randlich rauh. Rispe sehr lokker, aufrecht oder nur an der Spitze überhängend, bis 30 cm lang, mit dünnen, abstehenden Rispenästen. Ährchen einblütig, oval, hellgrün, mit 2 unbegrannten Hüllspelzen. Verbreitet in anspruchsvollen Laubmischwäldern und Hochstaudenfluren. Blüten V – VII.

Aufnahme 22. Mai

Einblütiges Perlgras *Melica uniflora* RETZ. Fam. Süßgräser (*Poaceae*) Mehrjähriges Rispengras, 30 – 50 cm hoch. Dünner, schlaffer, aufrechter Stengel. Blattspreiten 4 – 5 mm breit, hellgrün, oberseits zerstreut behaart. Ligula kurz, mit 2 längeren Anhängseln. Rispe wenig verzweigt mit nur 1 – 5 abstehenden, 1- bis 3ährigen Ästen. Ährchen einblütig. Hüllspelzen rötlichviolett, Deckspelzen grünlich. Zerstreut in anspruchsvollen Laubmischwäldern. Im Süden seltener. Blüten V – VI.

Aufnahme 22. Mai

Nickendes Perlgras *Melica nutans* L. Fam. Süßgräser (*Poaceae*) Mehrjähriges Gras, 30 – 60 cm hoch, meist in lockeren Rasen. Stengel schlaff bis aufrecht. Blattscheiden rauh, meist purpurn überlaufen, gekielt. Blattspreiten hellgrün, um 4 mm breit. Ligula braun, bis 1 mm lang. Blütenstand traubig, einseitswendig. Ährchen auf kurzen Stielen, 2blütig, glänzend, verkehrt eiförmig, vorne etwa trockenhäutig. Zerstreut bis verbreitet in Wäldern, Gebüschen, auf Schlägen und an Säumen. Im Norden seltener. Blüten V – VI.

Rasen-Schmiele *Deschampsia caespitosa* Aufnahme 21. Juni

Aufnahme 21. Juni

Rasen-Schmiele *Deschampsia caespitosa* (L.) P. B. Fam. Süßgräser (*Poaceae*) Mehrjähriges Rispengras, 30–150 cm hoch, in dichten Horsten. Stengel aufrecht, glatt oder oberwärts rauh. Blattspreiten dunkelgrün, flach, etwa 4 mm breit, am Rand und auf den 7 deutlichen Rippen der Oberseite sehr rauh. Ligula bis 8 mm lang. Rispe locker, 10–25 cm lang, mit abstehenden, rauhen, geraden Ästen. Ährchen 4–5 mm lang, 2blütig, rundlich-oval, nur mit kurzer Granne. Verbreitet bis zerstreut in feuchten Flachmoorwiesen, in Wäldern und nassen Weiden. Blüten VI–VII.

Draht-Schmiele *Deschampsia flexuosa* Aufnahme 9. Juni

Aufnahme 9. Juni

Draht-Schmiele, Schlängel-Schmiele *Deschampsia flexuosa* (L.) P. B. Fam. Süßgräser (*Poaceae*) Mehrjähriges Rispengras, 30 – 60 cm hoch, in lockeren Horsten. Stengel aufrecht oder aufsteigend. Blattspreiten borstlich gerollt, graugrün, bogig überhängend, fühlen sich ölig an. Rispe locker, wenigährig. Rispenäste geschlängelt, nur am Ende mit Ährchen. Ährchen 2blütig, etwa 5 mm lang. Hüllspelzen ungleich groß. Häufig in bodensauren Wäldern, Gebüschen, Heiden, auf Ödland und in Schlägen. Blüten VI – VIII.

Aufnahme 12. Juni

Nelken-Haferschmiele, Nelkenhafer *Aira caryophyllea* L. Fam. Süßgräser (*Poaceae*) Einjähriges Rispengras in kleinen Büscheln, etwa 5 – 20 cm hoch. Stengel dünn, aufsteigend oder aufrecht. Blattscheiden etwas aufgeblasen. Blattspreiten kurz, etwas borstig, schmal. Rispe von rundlichem Umriß, ziemlich locker, etwa 4 – 6 cm lang. Ährchen gelbgrün, um 3 mm lang, 2blütig, kurzgestielt. Verbreitet an trockenen Wegrändern, an sandigen Standorten und in Halbtrokkenrasen. Blüten VI – VII.

Aufnahme 31. Mai

Frühe Haferschmiele *Aira praecox* L. Fam. Süßgräser (*Poaceae*) Einjähriges oder überwinterndes Rispengras, 5 – 20 cm hoch. Aufrechter oder aufsteigender Stengel, lockerrasig. Blattspreiten kurz, sehr schmal. Ligula um 2 mm lang. Rispe ährig zusammengezogen. Ährchen um 3 mm lang. Deckspelze mit 3 – 4 mm langer Rükkengranne. Verbreitet bis zerstreut am gleichen Standort wie die vorige Art. Im Süden seltener. Blüten V – VI.

Aufnahme 28. Juni

Silbergras *Corynephorus canescens* (L.) P. B. Fam. Süßgräser (*Poaceae*) Mehrjähriges Rispengras mit aufrechtem Stengel, etwa 10 – 30 cm hoch. Dichthorstig. Blattscheiden eng, meist rötlich überlaufen. Blattspreiten borstlich, steif, graugrün, Rispe feinverzweigt. Ährchen 2blütig, Hüllspelzen deutlich gekielt, nach der Blüte hellsilbrig-grau. Verbreitet in Sandtrockenrasen, trockenen Kiefernwäldern und Dünen. Im Süden selten. Blüten VI – VII. Erstbesiedler loser Sandböden.

Wolliges Honiggras *Holcus lanatus* Aufnahme 12. Juni

Aufnahme 12. Juni

Wolliges Honiggras *Holcus lanatus* L. Fam. Süßgräser (*Poaceae*) Mehrjähriges Rispengras mit aufsteigendem oder aufrechtem Stengel, etwa 20–100 cm hoch. Meist dichtrasig. Blattscheiden und Blattspreiten samthaarig weich. Ligula um 2 mm lang, gefranst. Rispe weichhaarig, rötlich überlaufen, nur zur Blütezeit weit ausgebreitet. Ährchen 4–5 mm lang, etwas dicklich, 2blütig, davon die untere unbegrannt und zwittrig. Granne kaum aus dem Ährchen herausragend. Häufig in feuchten Wiesen und an Säumen auf kalkarmem Boden. Blüten VI–VIII.

Aufnahme 4. Juli

Weiches Honiggras *Holcus mollis* L. Fam. Süßgräser (*Poaceae*) Mehrjähriges Rispengras, 30 – 80 cm hoch, mit längeren Ausläufern. Nur die Stengelknoten tragen einen deutlichen Haarkranz, Blattscheiden und -spreiten sind nur sehr spärlich behaart. Rispe locker, nur während der Blütezeit ausgebreitet, sonst dicht zusammengezogen. Ährchen länglich-oval, gelblichgrün. Granne der Hüllspelze gekniet. Zerstreut in bodensauren Laubwäldern, an Säumen und auf Äckern. Blüten VII – VIII.

Aufnahme 3. August

Pfeifengras *Molinia caerulea* (L.) MOENCH. Fam. Süßgräser (*Poaceae*) Mehrjähriges Rispengras, 30 – 90 cm hoch, in dichten Horsten. Stengel aufrecht, am Grunde etwas verdickt, darüber mit 2 – 3 Knoten, sonst auf der gesamten Länge knotenlos. Blattspreiten blaugrün. Rispe bis 40 cm lang, schlank. Ährchen etwa 8 mm lang, schieferblau. Verbreitet bis häufig in nährstoffarmen Moorwiesen, austrocknenden Mooren und in lichten Wäldern. Blüten VII – VIII.

Aufnahme 22. Mai

Duft-Mariengras *Hierochloe odorata* (L.) P. B. Fam. Süßgräser (*Poaceae*) Mehrjähriges Rispengras, 15 – 50 cm hoch, mit langen Ausläufern. Stengel aufrecht, nur am Grunde knotig. Grundblätter mit langer, Stengelblätter mit auffallend kurzer Spreite. Rispe locker, bis 15 cm lang. Ährchenstiele kahl. Pflanze cumarinhaltig, daher beim Trocknen nach Waldmeister duftend. Zerstreut in Flachmoorwiesen und feuchten Gehölzen. Im Süden sehr selten. Blüten V – VIII.

Aufnahme 7. Juni

Aufnahme 12. Juni

Aufnahme 19. Juni

Gemeines Zittergras *Briza media* L. Fam. Süßgräser (*Poaceae*) Mehrjähriges Rispengras, 20 – 50 cm hoch. Aufrechter Stengel in lockeren Rasen. Blattscheiden eng, geschlossen. Blattspreiten flach, 2 – 4 mm breit, nur am Rande rauh. Rispe locker. Ährchen herzförmig, an dünnen, meist geschlängelten Stielchen hängend, 4 – 7 mm lang, 5- bis 10blütig, grün-weißlich-violett gescheckt. Verbreitet bis häufig in trockenen Wiesen und Weiden. Stellenweise zurückgehend. Blüten VI.

Kleines Zittergras *Briza minor* L. Fam. Süßgräser (*Poaceae*) Einjähriges Rispengras, 10 – 50 cm hoch. Aufrechter Stengel. Meist lockerrasig. Blattspreiten 4 – 8 mm breit. Rispe locker, mit zahlreichen kleinen, hellgrünen, hängenden, breit-dreieckigen, vielblütigen Ährchen von 2 – 4 mm Länge. Nur im Mittelmeergebiet heimisch. Gelegentlich als Ziergras gepflanzt oder unbeständig verwildert. Blüten V – VI.

Gemeines Knäuelgras *Dactylis glomerata* L. Fam. Süßgräser (*Poaceae*) Mehrjähriges Rispengras, 50 – 120 cm hoch. Stengel aufrecht. Blattscheiden rauh oder glatt, beidseits gekielt. Blattspreiten 3 – 10 mm breit, graugrün oder blaßgrün. Rispe zur Blütezeit von dreieckigem Umriß mit stark geknäulten Ährchen, später dichter zusammengezogen. Ährchen 3- bis 5blütig mit derber Hüllspelze, an der Spitze gekrümmt. Häufig in Fettwiesen und -weiden, an Wegrändern und in Wäldern. Blüten V – VII.

Aufnahme 12. Juni

Schmalblättriges Rispengras *Poa angustifolia* L. Fam. Süßgräser (*Poaceae*) Mehrjähriges Rispengras, 20–60 cm hoch. Aufrechter oder aufsteigender Stengel. Grundblätter borstlich zusammengefaltet. Stengelblätter schmal, flach, allmählich zugespitzt oder ebenfalls borstlich. Rispe etwa doppelt so lang wie breit. Meist als Kleinart aus dem Formenkreis des Wiesen-Rispengrases aufgefaßt. Verbreitet an Wegrändern und auf Triften. Blüten V–VII.

Aufnahme 10. Mai

Einjähriges Rispengras *Poa annua* L. Fam. Süßgräser (*Poaceae*) Büscheliges, meist ein-, selten mehrjähriges Rispengras, 2–30 cm hoch. Liegende oder bogig aufsteigende Stengel. Blattscheiden wenig zusammengedrückt. Blattspreiten grün bis hellgrün. Rispe locker ausgebreitet, etwas einseitswendig, Rispenäste gerade abstehend oder herabgeschlagen. Ährchen grün, 4- bis mehrblütig, 2–5 mm lang. Sehr häufig an Wegrändern, Straßen, Wiesen, Schuttplätzen. Trittfest. Blüten I–XII.

Aufnahme 10. Mai

Zwiebel-Rispengras *Poa bulbosa* L. Fam. Süßgräser (*Poaceae*) Mehrjähriges Rispengras, 20–40 cm hoch, meist horstig, mit aufrechtem Stengel. Stengelbasis zwiebelartig verdickt. Blattspreiten graugrün, kaum breiter als 2 mm, oft auch borstlich zusammengefaltet. Rispe lokker, aber nur zur Blütezeit ausgebreitet. Ährchen wollhaarig, grün oder violett überlaufen, gelegentlich auch kahl und in kleine Sprosse auswachsend. Zerstreut in Felsfluren und Sandtrokkenrasen. Fehlt im Nordwesten. Blüten V–VI.

Aufnahme 26. Juni

Wald-Rispengras *Poa chaixii* VILL. Fam. Süßgräser (*Poaceae*) Mehrjähriges Rispengras, 60 – 120 cm hoch, in dichten Horsten. Blattscheiden rauh, am Grunde stark zusammengedrückt, graugrün bereift. Blattspreite dunkelgrün, an den oberen Blättern mit langer, deutlich kapuzenförmiger Spitze. Rispe locker, aufrecht, mit rauhen Ästen. Ährchen bis 8 mm lang, grün, 3- bis 6blütig. Hüll- und Deckspelzen unbegrannt. Zerstreut in Laubwäldern der Berg- und Mittelgebirgsregion, sonst selten. Blüten VI – VII.

Aufnahme 12. Juni

Hain-Rispengras *Poa nemoralis* L. Fam. Süßgräser (*Poaceae*) Mehrjähriges Rispengras, 50 – 90 cm hoch. Zierlicher, aufrechter Stengel. Meist lockerhorstig. Blattscheiden rund. Blattspreiten 1 – 4 mm breit, meist wegweiserartig abstehend. Ligula fehlt. Rispe locker, zierlich, meist etwas überhängend. Ährchen 1- bis 5blütig, um 4 mm lang, grün, Häufig in lichten Wäldern und Gebüschen, in Schlägen und Säumen. Blüten VI – VII.

Aufnahme 12. Juni

Wiesen-Rispengras *Poa pratensis* L. Fam. Süßgräser (*Poaceae*) Mehrjähriges, lockerrasiges Rispengras, 10 – 60 cm hoch. Aufrechter Stengel. Untere Blattscheiden rundlich bis oval, manchmal etwas behaart, nur wenig zusammengedrückt. Blattspreiten graugrün, 1 – 5 mm breit, etwas gefaltet. Ligula knapp 2 mm lang. Rispe aufrecht, locker, mit rauhen Ästen. Hüllspelzen deutlich kürzer als das Ährchen. Formenreich. In Wiesen, Weiden und an Wegen. Sehr häufig. Blüten V – VI.

Aufnahme 5. Juni

Aufnahme 26. Juni

Aufnahme 30. Mai

Gemeines Rispengras, Triften-Rispengras *Poa trivialis* L. Fam. Süßgräser (*Poaceae*) Mehrjähriges Rispengras, 50 – 90 cm hoch. Aufrechter Stengel. Blattscheiden rundlich bis oval, nicht zusammengedrückt. Blattspreiten flach 3 – 7 mm breit, mit kurzer Kahnspitze, hellgrün. Rispe locker. Ährchen hellgrün, um 4 mm lang. Wichtiges Kennzeichen: Ligula zugespitzt, bis 7 mm lang. Häufig in Gräben und Wiesen, auf Äckern und in Auenwäldern. Blüten VI – VII.

Büschel-Salzschwaden *Puccinellia fasciculata* (TORR.) BICKNELL. Fam. Süßgräser (*Poaceae*) Mehrjähriges Rispengras, 6 – 40 cm hoch. Aufsteigender oder aufrechter Stengel. Pflanze graugrün. Blattspreiten 2 – 3 mm breit. Rispe aufrecht, an jeder Verzweigung nur 2 – 4 Rispenäste. Ziemlich selten, nur in Salzmarschen Nordwesteuropas. Ähnlich:
Gemeiner Salzschwaden *Puccinellia distans* (JAQU.) PARL. Ohne Ausläufer. Rispenäste zu 4 – 6 an jeder Verzweigung des Blütenstandes. Zerstreut in Salzwiesen und an Spülsäumen der Küste. Blüten VIII – X.

Steifgras *Catapodium rigidum* (L). C. E. HUBBARD ex DONY. Fam. Süßgräser (*Poaceae*) Einjährig-überwinterndes Rispengras, 3 – 20 cm hoch. Liegender oder aufsteigender, am Grunde büschelig verzweigter Stengel. Blattspreiten zusammengerollt, ziemlich derb und steif. Rispe starr. Ährchen meist 8- bis 11blütig. Ziemlich selten. Meist an sandigen, trockenen Ruderalstellen. Im Nordwesten häufiger. Blüten V – IX.

Aufnahme 26. Juni

Aufnahme 25. Juli

Aufnahme 25. Juli

Blaugrüner Schwaden *Glyceria declinata* BRÉB. Fam. Süßgräser (*Poaceae*) Mehrjähriges Rispengras mit aufsteigendem oder aufrechtem, meist schlankem Stengel, etwa 10 – 60 cm hoch. Rispe oft wenigästig und armblütig, zur Fruchtzeit meist zusammengezogen. Blätter auffallend blaugrün, plötzlich in eine schlanke Spitze verschmälert. Ährchen mit 4 – 5 mm langer, vorne in 3 bis 5 spitze Zähne auslaufender Deckspelze. Zerstreut an feuchten Waldwegen, in Quellmooren und Naßwiesen. Blüten VI – VIII.

Flutender Schwaden, Mann-Schwaden *Glyceria fluitans* (L.) R. BR. Fam. Süßgräser (*Poaceae*) Mehrjähriges Rispengras mit flutendem, kriechendem, aufsteigendem oder aufrechtem Stengel, etwa 40 – 100 cm hoch. Blattscheiden zweischneidig. Blattspreiten 5 – 8 mm breit, hellgrün. Ligula geschlitzt. Rispe aufrecht, manchmal bis 40 cm lang, schmal, etwas einseitswendig, wenigästig. Deckspelze stumpf oder spitz, 6 – 8 mm lang. Zerstreut bis verbreitet an Bächen, in Gräben und im Röhricht von Fließgewässern. Blüten V – VIII.

Wasser-Schwaden *Glyceria maxima* (HARTM.) HOLMBERG. Fam. Süßgräser (*Poaceae*) Mehrjähriges Rispengras, 90 – 200 cm hoch. Kräftiger, meist aufrechter Stengel. Blattscheiden zweischneidig. Blattspreiten 1 – 2 cm breit, häufig hellgrün-gelbgrün. Ligula 1 – 2 mm lang, gestutzt. Rispe meist reichästig und weit auseinandergezogen, bis 50 cm lang. Ährchen grünlich, bräunlich oder violett überlaufen. Zerstreut bis verbreitet in Gräben und an Ufern in Röhrichten. Blüten VII – VIII.

Aufnahme 26. Juli

Rohr-Schwingel *Festuca arundinacea* SCHREBER. Fam. Süßgräser (*Poaceae*) Mehrjähriges Rispengras, 60 – 180 cm hoch. Kräftiger, aufrechter Stengel. Meist in dichten Horsten. Blattspreiten steif, rauh, oberseits kurzhaarig, bis 10 mm breit und 70 cm lang, am Grunde mit wimperig gesägten Öhrchen. Rispe 20 – 40 cm lang, reich verzweigt. Ährchen eiförmig, etwa 7 – 9 mm lang. Zerstreut in nassen oder feuchten Weiden und Wiesen oder im Röhricht. Blüten VI – VII.

Aufnahme 28. Juni

Verschiedenblättriger Schwingel *Festuca heterophylla* LAMK. Fam. Süßgräser (*Poaceae*) Mehrjähriges Rispengras mit aufrechtem Stengel, etwa 60 – 100 cm hoch. Immer in dichten Rasen. Grundblätter lang, schlaff, gerollt, fadendünn, liegend, hellgrün bis schwach bläulich. Stengelblätter flach, 1 – 3 mm breit. Rispe recht groß, etwas überhängend, zur Blütezeit mit abstehenden Ästen. Ährchen bis 10 mm lang, 3- bis 7blütig. Zerstreut in Eichen-Hainbuchenwäldern. Im Norden selten. Blüten VI – VIII.

Aufnahme 29. Juli

Binsenblättriger Schwingel *Festuca juncifolia* ST. AMANS. Fam. Süßgräser (*Poaceae*) Mehrjähriges Rispengras, 20 – 90 cm hoch. Stengel aufsteigend oder aufrecht. Blattspreiten blaugrün, auffallend zusammengerollt und daher borstlich-stechend. Zerstreut im Küstenbereich auf Dünen. Nur in Nordwesteuropa. Blüten VII – VIII.

Weitere wichtige Arten dieser Gattung sind der **Wiesen-Schwingel** (*Festuca pratensis* HUDS.) und der **Riesen-Schwingel** (*Festuca gigantea* (L.) VILL.).

Rot-Schwingel *Festuca rubra* Aufnahme 9. Juni

Aufnahme 9. Juni

Rot-Schwingel *Festuca rubra* L. Fam. Süßgräser (*Poaceae*) Mehrjähriges Rispengras, 30 – 80 cm hoch, mit Ausläufern und aufrechtem Stengel. Dicht- oder lockerrasig. Grundblätter steif, gerollt, borstlich, Stengelblätter flach, mattgrün oder graugrün. Rispe steif aufrecht, kurzästig. Ährchen 7 – 10 mm lang, 4- bis 6blütig, oft rötlich überlaufen. Häufig in Wiesen, Weiden, Halbtrockenrasen. Auch in Salzwiesen und älteren Dünen im Küstenbereich. Blüten VI – VII.

Aufnahme 7. Juni

Aufnahme 12. Juni

Aufnahme 21. Juni

Echter Schaf-Schwingel *Festuca ovina* L. Fam. Süßgräser (*Poaceae*) Mehrjährige, meist dichthorstige Pflanze, 10 – 60 cm hoch. Aufsteigender oder aufrechter Stengel, der sich oft vierkantig anfühlt. Blattscheiden tiefreichend offen. Blattspreiten sämtlich gerollt, rauh, borstlich, grün, hellgrün oder blau bereift. Ligula kaum 1 mm lang. Rispe nur wenig verzweigt mit schräg aufragenden Ästen. Ährchen 3- bis 8blütig, 4 – 8 mm lang. Hüllspelzen kürzer als das Ährchen. Überaus formenreich. Häufig auf bodensauren, trockenen Standorten. Blüten V – VIII.

Haar-Schwingel *Festuca tenuifolia* SIBTH. Fam. Süßgräser (*Poaceae*) Mehrjähriges Rispengras mit schlankem, aufrechtem Stengel. Der vorigen Art sehr ähnlich. Rispe meist schlank und wenigästig. Ährchen 4 – 6 mm lang. Deckspelze immer unbegrannt, höchstens stachelspitzig. Blätter im Querschnitt fast kreisrund, ungekielt. Verbreitet bis selten in bodensauren Eichenmischwäldern, Heiden, Magerrasen, Kalkmeidend. Blüten V – VII.

Lebendgebärender Schwingel *Festuca vivipara* (L.) SM. Fam. Süßgräser (*Poaceae*) Mehrjähriges Rispengras mit aufrechtem oder aufsteigendem Stengel, etwa 5 – 60 cm hoch. Meist dichtrasig. Im Aussehen dem Echten Schaf-Schwingel sehr ähnlich. Die Ährchen der wenig verzweigten Rispe bringen jedoch keine Samen hervor, sondern sind zu Brutknospen umgebildet, die sich zu kleinen Pflänzchen entwickeln. Am Boden bewurzeln sie sich und entwickeln neue Pflanzen. Nur in Nordwesteuropa. Blüten V – VII.

Aufnahme 26. Juni

Aufnahme 12. Juli

Aufnahme 24. Mai

Wald-Trespe *Bromus ramosus* HUDS. Fam. Süßgräser (*Poaceae*) Mehrjähriges Rispengras mit dickem, aufrechtem, behaartem, oberwärts auch kantigem Stengel, etwa 60 – 150 cm hoch. Meist in lockeren Horsten. Blattscheiden behaart. Blattspreiten schlaff, am Grunde geöhrt, um 10 mm breit. Rispe lang, vielästig, überhängend. Ährchen bis 30 mm lang, ziemlich schlank und schmal, 7- bis 9blütig. Selten bis verbreitet in anspruchsvollen Laubmischwäldern und an Waldsäumen. Zerfällt in zwei Unterarten. Blüten VII – VIII.

Kalifornische Trespe *Bromus carinatus* HOOK. ET ARN. Fam. Süßgräser (*Poaceae*) Mehrjähriges Rispengras, 60 – 80 cm hoch. Kräftiger, aufrechter Stengel. Blattspreiten schlaff, um 10 mm breit. Rispe steif aufrecht mit schräg abstehenden Rispenästen. Ährchen 15 – 25 mm lang, 6- bis 8blütig. Ursprünglich nur in Nordamerika. In Südengland, besonders im Bereich der Themse, eingebürgert und stellenweise recht häufig. Blüten VI – VIII.

Zweimännige Trespe *Bromus diandrus* ROTH. Fam. Süßgräser (*Poaceae*) Einjähriges Rispengras, 40 – 80 cm hoch. Meist in lockerrasigen Beständen. Stengel aufsteigend oder aufrecht. Blattscheiden und Stengel dicht weichhaarig. Blattspreiten 5 – 8 mm breit, schlaff. Rispe sehr locker verzweigt, überhängend. An jedem Rispenast nur ein Ährchen von 20 – 50 mm Länge. Ursprünglich nur im Mittelmeergebiet. An Umschlagplätzen und ähnlichen Stellen auch vorübergehend und unbeständig eingebürgert. Blüten V – VII.

Aufnahme 26. Juni

Aufnahme 12. Juli

Aufnahme 31. Mai

Aufrechte Trespe *Bromus erectus* HUDS. Fam. Süßgräser (*Poaceae*) Mehrjähriges Rispengras, 30 – 80 cm hoch. Steif aufrechter, kräftiger Stengel. Blattscheiden fein behaart. Blattspreiten flach, 2 – 5 mm breit, zerstreut behaart, graugrün. Ligula sehr kurz. Rispe wenig verzweigt, aufrecht, mit kurzen, rauhen Rispenästen. Ährchen 10 – 30 mm lang, blaßgrün, 5- bis 10blütig. Zerstreut auf kalkhaltigem Boden in Halbtrocken- und Trockenrasen (Charakterart!). Blüten V – X.

Unbegrannte Trespe *Bromus inermis* LEYSER. Fam. Süßgräser (*Poaceae*) Mehrjähriges Rispengras, 30 – 90 cm hoch. Kräftiger, aufrechter Stengel. Meist in dichten Horsten. Pflanze mit Ausläufern. Blattspreiten 5 – 8 mm breit, kahl. Rispe aufrecht, locker ausgebreitet. Ährchen mit unbegrannter oder kurzspitziger Deckspelze. Selten bis zerstreut an ruderal beeinflußten Trockenstandorten, an Wegrändern, Ackersäumen und in Trockenrasen. Blüten VI – VII.

Weiche Trespe *Bromus mollis* L. Fam. Süßgräser (*Poaceae*) Einjähriges oder überwinterndes Rispengras, 5 – 80 cm hoch. Aufrechter oder knickig aufsteigender Stengel. Blattscheiden samthaarig. Blattspreiten ebenfalls dicht weichhaarig, 4 – 6 mm breit, schlaff, meist graugrün. Rispe aufrecht, nur wenig verzweigt. Ährchen 10 – 20 mm lang, kugelig-eiförmig. Deckspelzen mit bis zu 1 cm langer Granne. Häufig auf mäßig trockenen Ruderalstellen. Blüten V – VI.

Aufnahme 27. Juli

Späte Trespe *Bromus serotinus* BENEKEN. Fam. Süßgräser (*Poaceae*) Mehrjähriges Rispengras, 40 – 50 cm hoch. Aufrechter oder aufsteigender Stengel. Blattscheiden ohne Flaumhaare, dafür dicht und lang rauhhaarig. Rispe recht groß, locker überhängend, meist weit ausgebreitet. Deckspelze über der Mitte am breitesten, kurz zugespitzt. In Wäldern, Gebüschen, Säumen, Verbreitet. Gehört in den Formenkreis der Wald-Trespe (s. S. 70). Blüten VII – VIII.

Aufnahme 10. Juli

Roggen-Trespe *Bromus secalinus* L. Fam. Süßgräser (*Poaceae*) Einjähriges oder überwinterndes Rispengras mit aufrechtem oder knickig aufsteigendem Stengel, etwa 40 – 100 cm hoch. Pflanze meist büschelig. Blattscheiden (zumindest die oberen) meist kahl. Blattspreiten 5 – 10 mm breit, gelbgrün, randlich bewimpert. Rispe locker, oft überhängend. Rispenäste wenig verzweigt, schräg abstehend. Ährchenspindel sehr zäh. Altes Getreide-Unkraut, seit der Jungsteinzeit Kulturbegleiter. Zerstreut bis selten. Blüten VI – VII.

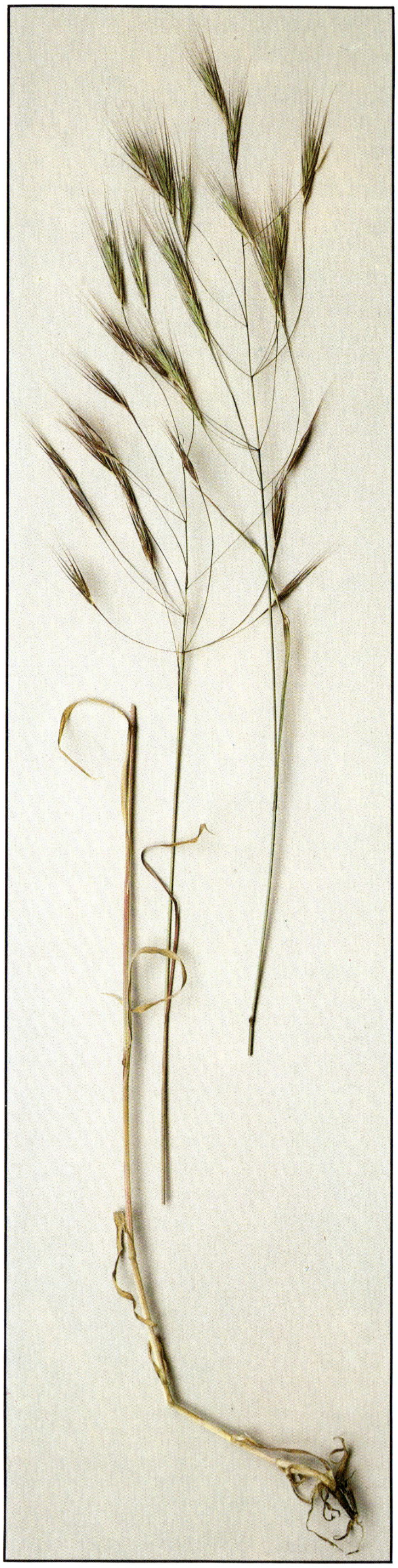

Aufnahme 30. Mai

Taube Trespe *Bromus sterilis* L. Fam. Süßgräser (*Poaceae*) Einjährige oder überwinternde Pflanze mit aufsteigendem oder aufrechtem Stengel, etwa 30 – 60 cm hoch. Rispe sehr groß, locker, zuletzt überhängend, mit rauhen Ästen. Ährchen bis 30 mm lang, mit 20 – 35 mm langer Granne, grün oder (je nach Standort) braunviolett überlaufen. Ziemlich häufig an Schuttstellen, auf Äckern, an Wegen, Ausgesprochenes Unkrautgras. Blüten V – VII.

Aufnahme 29. Juni

Starrer Federschwingel *Vulpia ambigua* (LE GALL) A. G. MORE. Fam. Süßgräser (*Poaceae*) Einjähriges Rispengras, 5 – 30 cm hoch. Starr aufrechter Stengel. Blätter meist gefaltet, blaugrün, steif, borstlich. Rispe dicht zusammengezogen, aufrecht. Nur in Nordwesteuropa. Blüten V – VI. Ähnlich:
Mäuseschwanz-Federschwingel *Vulpia myuros* (L.) C. C. GMEL. Fam. Süßgräser (*Poaceae*) Einjähriges Rispengras, 10 – 40 cm hoch. Rispe bis 20 cm lang, schmal, etwas überhängend. Zerstreut an trockenen, sandigen Standorten, Blüten VI – X.

Aufnahme 12. Juni

Trespen-Federschwingel *Vulpia bromoides* (L.) S. F. GRAY. Fam. Süßgräser (*Poaceae*) Einjährig-überwinterndes Rispengras mit aufrechtem Stengel. Blätter oft gerollt, 1 – 3 mm breit. Rispe aufrecht, aus der Blattscheide des obersten Stengelblattes weit herausragend, etwa 5 – 10 cm lang. Ährchen 4 – 8 mm lang, 4- bis 6blütig, lang begrannt. Zerstreut bis selten auf kalkfreien, etwas ruderal beeinflußten Trockenstandorten. Blüten V – VII.

Aufnahme 5. September

Gemeines Schilf *Phragmites australis* (CAV.) TRIN. EX STEUD. Fam. Süßgräser (*Poaceae*) Mehrjähriges Rispengras, 100 – 400 cm hoch, mit meterweit kriechenden Ausläufern. Stengel bis 2 cm dick, aufrecht. Blattspreiten graugrün, 20 – 40 mm breit, ziemlich steif. Ligula in Haarkranz aufgelöst. Rispe groß, bis 40 cm lang, schwach überhängend, einseitswendig. Ährchen bis 1 cm lang, meist 5blütig. Ziemlich häufig in Röhrichten, nassen Wiesen und Wäldern. Verlandungspflanze. Blüten VII – IX.

Aufnahme 26. Juni

Gold-Grannenhafer, Goldhafer *Trisetum flavescens* (L.) P. B. Fam. Süßgräser (*Poaceae*) Mehrjähriges Rispengras, 30 – 70 cm hoch. Pflanze in lockeren Rasen. Stengel aufrecht, nur wenig knickig. Blattscheiden zottig behaart. Blattspreiten grün oder hellgrün, 3 – 10 mm breit. Ligula um 2 mm lang. Rispe reichblütig, locker, gelblich, mit zarten Rispenästen. Jedes Ährchen mit 3 Grannen. Zerstreut bis verbreitet in Fettwiesen des Berglandes. Blüten V – VI.

Aufnahme 9. Juni

Echter Wiesenhafer *Avenochloa pratensis* (L.) HOLUB. Fam. Süßgräser (*Poaceae*) Mehrjähriges Rispengras, 30 – 80 cm hoch. Steif aufrechter Stengel. Blattscheiden und -spreiten rauh, steifrandig. Spreiten ziemlich steif, borstig. Ligula 2 – 4 mm lang. Rispe sehr schmal, fast traubig. Ährchen bis 2 cm lang, 4- bis 5blütig, breit-oval. Grannen bis 2 cm lang, gedreht. Hüllspelze silberweiß. Zerstreut in Trocken- und Halbtrockenrasen. Blüten V – VI.

Aufnahme 30. Mai

Flaumiger Wiesenhafer *Avenochloa pubescens* (HUDS.) HOLUB. Fam. Süßgräser (*Poaceae*) Mehrjähriges Rispengras, 30 – 100 cm hoch. Aufrechter oder am Grunde knickiger Stengel. Untere Blätter flaumhaarig, obere meist kahl. Rispe fast traubig, bis 20 cm lang, mitunter etwas überhängend. Ährchen 2- bis 3blütig, mit 2 – 3 Grannen, diese im unteren Teil gedreht, 1 – 2 cm lang. Verbreitet in Fettwiesen, Halbtrockenrasen und in Pfeifengrasbeständen. Blüten V – VI.

Aufnahme 9. Juni

Glatthafer *Arrhenaterum elatius* (L.) J. ET C. PRESL. Fam. Süßgräser (*Poaceae*) Mehrjähriges Rispengras, 60 – 120 cm hoch. Aufrechter, nur schwach knickiger, kahler Stengel. Blattscheiden kahl. Blattspreiten 4 – 8 mm breit, rauh, graugrün oder gelbgrün. Ligula um 3 mm lang. Rispe nur zur Blütezeit locker ausgebreitet, bis 25 cm lang. Ährchen etwa 10 mm lang, ovallänglich, weißlich-grün, 3blütig, aber nur eine Blüte zwittrig, die zweite männlich, die dritte verkümmert. Häufig in nährstoffreichen Fettwiesen. Blüten VI – VII.

Aufnahme 11. Juli

Flug-Hafer *Avena fatua* L. Fam. Süßgräser (*Poaceae*) Einjähriges Rispengras, 60 – 120 cm hoch. Kräftiger, aufrechter oder aufsteigender Stengel. Blattspreiten blaugrün, bis 10 mm breit. Rispe locker, allseitswendig. Ährchen 3blütig. Ährchenachse und untere Hälfte der langbegrannten Deckspelze dicht flaumhaarig, Bespelzte Frucht fällt nach der Fruchtreife sofort ab. Stammform des Saat-Hafers. Heute nur noch selten an lehmigen Äckern und Wegrändern. Blüten VI – VIII.

Aufnahme 11. Juli

Sand-Hafer *Avena nuda* L. EM. MANSF. Fam. Süßgräser (*Poaceae*) Einjähriges Rispengras, 45 – 90 cm hoch. Aufrechter oder aufsteigender Stengel. Blattspreiten grasgrün, ober- und unterseits rauh. Rispe lockerblütig. Ährchen meist 2blütig. Deckspelze mit 2 kurzen Spitzen, auf dem Rücken lang begrannt. Ehemalige Kulturpflanze. Jetzt nur noch als Unkraut. Blüten VI – VII.

Gemeiner Frauenfarn *Athyrium filix-femina* Aufnahme 24. Juli

Gemeiner Frauenfarn *Athyrium filix-femina* Aufnahme 24. Juli

Gemeiner Frauenfarn *Athyrium filix-femina* (L.) ROTH. Fam. Frauenfarngewächse (*Athyriaceae*). Farnpflanze 30 – 100 cm hoch. Mehrjährig, mit kriechendem Rhizom. Blätter (Wedel) aufrecht oder bogig überhängend, im Umriß breit-lanzettlich, kurz gestielt, im unteren Teil zerstreut mit Spreuschuppen. Fiedern sitzend, etwas entfernt, aus breitem Grund lang zugespitzt (Bild links). Fiederchen 1. Ordnung beidseits der Spindel; Fiederchen 2. Ordnung spitz gesägt, aufwärts gekrümmt. Sori in 2 Reihen auf der Blattunterseite, hakenförmig-länglich, mit bleibendem, gewimpertem Schleier (Bild oben). Der Name rührt noch aus der Zeit, als über die Fortpflanzung der Farne wenig Klarheit bestand und diese Art als weibliche Pflanze zum männlich aufgefaßten Wurmfarn (*Dryopteris filix-mas*) verstanden wurde. Sporenreife VII – VIII. Häufig.

Aufnahme 24. Juli

Gebirgs-Frauenfarn *Athyrium distentifolium* TAUSCH. Fam. Frauenfarngewächse (*Athyriaceae*) Farnpflanze 50 – 150 cm hoch. Wedel am Grunde mit breit-lanzettlichen Spreuschuppen. Fiederchen oval-länglich, etwa 1,5 – 2mal so lang wie breit. Sori fast kreisrund. In Hochstaudenfluren und staudenreichen Bergmischwäldern der Alpen und des Bayerischen Waldes verbreitet, sonst selten. Sporenreife VII – VIII.

Gemeiner Wurmfarn *Dryopteris filix-mas* Aufnahme 22. September

Dryopteris filix-mas

Aufnahme 22. September

Gemeiner Wurmfarn *Dryopteris filix-mas* (L.) SCHOTT. Fam. Schildfarngewächse (*Aspidiaceae*). Mehrjährige Farnpflanze, 30 – 150 cm hoch, mit aufrechten oder bogig überhängenden Blättern. Blätter meist doppelt gefiedert, dunkelgrün, an der Basis spärlich mit Spreuschuppen bestanden. Untere Fiedern sehr kurz gestielt, obere sitzend, beiderseits mit 20 – 30 dichtgedrängten, stumpf abgerundeten Zipfeln. Sori recht groß, zweireihig auf der Wedelunterseite zu 3 – 10, nicht bis zur Fiederspitze reichend. Blätter im Unterschied zum Frauenfarn ziemlich derb. Verbreitet bis häufig in anspruchsvollen Laubmischwäldern und Hochstaudengebüschen. Zeigt in Nadelforsten ehemaligen Mischwaldbestand an. Früher auch als Droge (Bandwurmmittel) in Gebrauch, heute wegen der geringen therapeutischen Breite ohne arzneiliche Bedeutung. Sporenreife VII – IX.

Spreuschuppiger Wurmfarn *Dryopteris pseudo-mas* Aufnahme 21. Juni

Dryopteris pseudo-mas

Aufnahme 21. Juni

Spreuschuppiger Wurmfarn *Dryopteris pseudo-mas* (WOLLASTON) HOLUB ET POUZ. Fam. Schildfarngewächse (*Aspidiaceae*) Farnpflanze 100 – 160 cm hoch. Mehrjährig, manchmal mit überwinterndem Wedel. Blattstiel, Spindel und Fiedermittelrippe dicht spreuschuppig. Schuppen bis 3 cm lang, kastanienbraun oder heller, glänzend, immer abstehend. Fiedern bei sporangientragenden Wedeln rechtwinklig abstehend und etwas entfernt, bei sterilen Wedeln genähert und wenig aufwärts gebogen, beidseits mit 10 – 20 fast bis zur Mittelrippe geteilten Abschnitten (Fiederchen), diese schief gestutzt und nur vorne gezähnt. Ziemlich zerstreut bis selten in staudenreichen Bergmischwäldern. Sporenreife VII – IX.

Dryopteris oreades

Aufnahme 19. Juli

Kleiner Wurmfarn *Dryopteris oreades* FOMIN (*Dryopteris abbreviata* (DC.) NEWMAN). Fam. Schildfarngewächse (*Aspidiaceae*) Farnpflanze 30 – 50 cm hoch. Aufrechte oder bogig überhängende Blätter. Mehrjährig. Wedel faulen im Herbst nicht so rasch wie die des Gemeinen Wurmfarns, daher bleiben meist viele rostbraune Wedel zurück. Wedel am Grunde ziemlich dicht, an der Spindel nur locker spreuschuppig. Schuppen gelbbraun, matt, meist anliegend. Wedelunterseite mit kleinen Drüsen. Fiederränder und Wedelspitze aufwärts gebogen. Unterste Fiederchen 1. Ordnung auffallend größer als alle übrigen. Sori zu 1 – 4. Schleier am Rande drüsig, ziemlich derb. Selten. In Blockschutthalden der Gebirge. Verbreitung in Mitteleuropa nur ungenügend bekannt. Sporenreife VII – VIII.

Kleiner Wurmfarn *Dryopteris oreades* Aufnahme 19. Juli

Kamm-Wurmfarn *Dryopteris cristata* Aufnahme 15. Juni

Dryopteris cristata

Aufnahme 15. Juni

Kamm-Wurmfarn, Kammfarn *Dryopteris cristata* (L.) A. GRAY. Fam. Schildfarngewächse (*Aspidiaceae*) Mehrjährige Farnpflanze, 30 – 80 cm hoch. Sterile Wedel schräg ausgebreitet, nur etwa ½mal so lang und breit wie die steif aufrechten sporangientragenden Wedel. Beidseits mit 5 – 8 bis fast zum Mittelnerv geteilten Abschnitten (Fiederchen). Unterste Fiedern deutlich gestielt, von annähernd dreieckigem Umriß, obere meist kurz gestielt oder sitzend. Fiedern werden meist senkrecht zur Wedelfläche gestellt und wenden ihre Unterseite oft nach oben; die Pflanze erhält dadurch ein leiter- oder treppenartiges Aussehen. Sehr zerstreut bis selten in Erlen- und Birkenbruchwäldern, in Weidensümpfen und an Hochmoorrändern. Stark zurückgehend. Sporenreife VII – IX. Schützenswert.

Starrer Wurmfarn *Dryopteris villarii* Aufnahme 19. Juli

Dryopteris villarii

Aufnahme 19. Juli

Starrer Wurmfarn *Dryopteris villarii* (BELL.) WOYNAR EX SCH. ET THELL. Fam. Schildfarngewächse (*Aspidiaceae*) Farnpflanze 15–50 cm hoch. Kräftiger, ziemlich starr aufrechter Wedel. Wedel im Umriß länglich-oval bis schmallanzettlich, doppelt gefiedert. Fiedern symmetrisch; Fiederchen fiederspaltig, beiderseits der Fiederspindel (Mittelrippe) gleich groß. Blätter unter- und oberseits dicht mit kleinen, gelben Drüsen besetzt. Sori mittelgroß, den Fiederspalten genähert (Bild oben). Pflanze duftet angenehm nach Heu. Ausgesprochen alpine Art. Zerstreut in Geröll- und Karfluren auf Kalk oder Dolomit, nur im Höhengürtel zwischen 1100 und 2200 m. Nur in den äußeren Alpenketten. Sporenreife VII–VIII. Schützenswert.

Dorniger Wurmfarn *Dryopteris carthusiana* Aufnahme 26. Juli

Dryopteris carthusiana

Aufnahme 26. Juli

Dorniger Wurmfarn, Dornfarn *Dryopteris carthusiana* (VILL.) H. P. FUCHS. Fam. Schildfarngewächse (*Aspidiaceae*) Mehrjährige Farnpflanze 15 – 60 cm hoch, mit langem, kriechendem Rhizom von 2 – 3 cm Dicke. Wedel aufrecht oder wenig überhängend, mitunter auch überwinternd, im Umriß breit-oval oder auch dreieckig. Spindel spärlich spreuschuppig. Wedel 2- bis 4fach gefiedert. Fiedern mit stark asymmetrischem Grund: das zur Wedelbasis gerichtete Fiederchen jeder Fieder viel größer als alle übrigen. Pflanze hellgrün, meist drüsenlos. Verbreitet in bodensauren Laubmischwäldern, Nadelholzforsten, Schlaggebüsch, Erlenbrüchern, oft in dichten Farnfluren. Sporenreife VII – VIII.

Breitblättriger Dornfarn *Dryopteris austriaca* Aufnahme 2. Juli

Dryopteris austriaca

Aufnahme 2. Juli

Breitblättriger Dornfarn *Dryopteris austriaca* (JAQU.) WOYN. (*Dryopteris dilatata* (HOFFM.) A. GRAY.) Fam. Schildfarngewächse (*Aspidiaceae*) Mehrjährige Farnpflanze 20–100 cm hoch, mit überhängenden, aufrechten Wedeln. Wurde früher mit dem Dornigen Wurmfarn in einer Art zusammengefaßt. Blätter (Wedel) ziemlich dick und derb, gewöhnlich überwinternd, meist 3fach fiederteilig, dunkelgrün. Das zum Blattgrund weisende Fiederchen der untersten Fieder ist meist nur ⅓ bis höchstens ½mal so lang wie diese und nicht mehr als doppelt so lang wie sein Gegenüber. Blattstiel, Spindel, Wedelunterseite und Schleier gelbdrüsig. Blattstiel besonders am Grunde dicht spreuschuppig. Spreuschuppen mit dunklem Mittelstreif, der bis zur Spitze der Schuppe reicht. Verbreitet bis zerstreut in krautreichen Wäldern, Schlaggebüschen, Nadelmischwäldern der Bergregion und in Hochstaudenfluren. Sporenreife VII–IX.

Heuduftender Dornfarn *Dryopteris aemula* Aufnahme 15. September

Aufnahme 15. September

Heuduftender Dornfarn *Dryopteris aemula* (AIT.) KUNTZE. Fam. Schildfarngewächse (*Aspidiaceae*) Mehrjährig mit aufrechten oder bogig überhängenden Wedeln, etwa 15–60 cm hoch, oft wintergrün. Blätter breit-oval bis dreieckig, 3–4fach gefiedert. Fiedern und Fiederchen randlich aufgebogen. Pflanze riecht beim Zerreiben angenehm nach Waldmeister (Cumarin-Gehalt!). Verbreitet in Wäldern und Gebüschen. Nur im atlantischen Bereich West- und Nordwesteuropas. Sporenreife VII–IX.

Aufnahme 15. Juni

Feingliedriger Dornfarn *Dryopteris assimilis* S. WALKER (*Dryopteris expansa* (C. PRESL.) JERMY). Fam. Schildfarngewächse (*Aspidiaceae*) Mehrjährige Farnpflanze mit kräftigen, hellgrünen, meist nicht überwinternden Blättern. Abwärtsgerichtetes Fiederchen der untersten Fieder wenigstens ½mal so lang wie diese und doppelt so lang (oder länger) wie sein Gegenüber. Mittelstreif der Spreuschuppen reicht nicht bis zur Schuppenspitze. Selten in feuchteren Wäldern. Sporenreife VII–VIII.

Bergfarn *Lastrea limbosperma* Aufnahme 22. Juni

Bergfarn *Lastrea limbosperma* Aufnahme 22. Juni

Lastrea limbosperma

Bergfarn, Lappenfarn *Lastrea limbosperma* (ALL.) HOLUB ET POUZ. (*Thelypteris limbosperma* (ALL.) H. P. FUCHS). Fam. Sumpffarngewächse (*Thelypteridaceae*). Mehrjährige Farnpflanze, 50 – 100 cm hoch, mit aufrechten, in Rosetten angeordneten Blättern. Wedel von schmal-lanzettlichem Umriß; Fiedern zur Basis des Wedels hin auffallend verkleinert, unterste nur noch 1 – 2 cm lang. Vor allem im Frühsommer von frischer, hellgrüner Färbung. Zipfel der etwas genäherten Fiedern geschweift. Sori mit früh abfallendem Schleier, am Fiederrand aufgereiht (Bild oben). Wedelunterseite dicht mit gelben Drüsen besetzt. Zerstreut in Bergmischwäldern und Hochstaudenfluren auf sickerfrischen, kalkarmen Standorten in schattiger Lage. Im Norden selten. Sporenreife von VII – IX.

Thelypteris palustris

Aufnahme 26. Juli

Sumpffarn *Thelypteris palustris* SCHOTT. Fam. Sumpffarngewächse (*Thelypteridaceae*) Mehrjährige Farnpflanze, 30 – 80 cm hoch, bildet keine Rosetten oder Wedeltrichter. Wedel zum Grunde hin nur wenig verschmälert, etwa 3- bis 4mal so lang wie breit, nur anfangs spärlich behaart, später völlig kahl. Fiedern entfernt, mit ganzrandigen, sichelförmig aufwärts gebogenen Zipfeln. Hellgrün. Zipfel (Fiederchen) der sporangientragenden Wedel am Rande umgerollt (Bild oben). Einzige Wasserpflanze unter den großblättrigen einheimischen Farnen. Verbreitet in Sumpfgebüschen, Schilf- und Großseggenriedern und Erlenbruchwäldern. Fast ausschließlich auf das nördliche Tiefland beschränkt. Sonst sehr selten. Sporenreife VII – VIII. Schützenswert.

Sumpffarn *Thelypteris palustris* Aufnahme 26. Juli

Polystichum lonchitis

Lanzen-Schildfarn *Polystichum lonchitis* (L.) ROTH. Fam. Schildfarngewächse (*Aspidiaceae*). Farnpflanze etwa 10 – 50 cm hoch, Wedel derb, lederig-zäh, wintergrün, im Umriß lanzettlich, kurz gestielt, nur einfach gefiedert. Fiedern sichelförmig, dornig gezähnt, genähert, mit spitzgeöhrtem Grund. Blattstiel und Spindel unterseits spreuschuppig. Sori rundlich, in Reihen auf der Fiederunterseite (Bild oben). Arktisch-alpine Art. Zerstreut bis verbreitet in alpinen Steinschuttfluren, auf Blockhalden und in Felsspalten oder lose gefugten Mauern. Meist auf kalkhaltigem Boden. Sporenreife VII – IX.

Lanzen-Schildfarn *Polystichum lonchitis* Aufnahme 22. Juni

Polystichum aculeatum

Dorniger Schildfarn *Polystichum aculeatum* Aufnahme 19. Juli

Dorniger Schildfarn *Polystichum aculeatum* (L.) ROTH. Fam. Schildfarngewächse (*Aspidiaceae*) Mehrjährige Farnpflanze 60 – 100 cm hoch mit langgestielten, aufrechten oder bogig überhängenden Wedeln. Blätter im Umriß lanzettlich, mit auffallend verschmälerter Basis, meist dunkelgrün, oberseits glänzend, überwinternd, 2- bis 3fach gefiedert, ziemlich derb. Fiederchen nach vorne gerichtet, sitzend oder nur sehr kurz und breit gestielt. Das unterste zur Blattspitze weisende Fiederchen jeder Fieder ist deutlich größer als alle übrigen (Bild oben). Zähne der Fiederchen allmählich in eine kurze Dornspitze verschmälert. Blattunterseite und Spindel locker spreuschuppig. Ziemlich zerstreut bis selten in Schluchtwäldern oder schattigen, feuchten Hangwäldern. Sporenreife VII – VIII.

Polystichum setiferum

Grannen-Schildfarn *Polystichum setiferum* (FORSK.) MOORE EX WOYNAR. Fam. Schildfarngewächse (*Aspidiaceae*) Mehrjährige Farnpflanze, 60 – 100 cm hoch. Blätter im Umriß länglich-oval, oberseits matt, dunkelgrün, weniger derb als bei den verwandten Arten, nicht wintergrün, 2- bis 3fach gefiedert, kahl, am Grunde nur wenig verschmälert. Blattstiel und Spindel dicht spreuschuppig. Fiedern und Fiederchen fast senkrecht abstehend. Fiederchen beidseits der Mittelrippe bis 20, stets deutlich gestielt (Bild oben), dornig gezähnt und in der Spitze in eine kurze Granne auslaufend. Unterstes Fiederchen kaum größer als die folgenden. Ziemlich selten in anspruchsvollen, schattigen Buchenmischwäldern. Fast nur im Bereich des Rheintals und der großen Nebentäler. Sporenreife VIII – IX.

Grannen-Schildfarn *Polystichum setiferum* Aufnahme 26. Juli

Zerbrechlicher Blasenfarn *Cystopteris fragilis* Aufnahme 3. Juli

Cystopteris fragilis

Zerbrechlicher Blasenfarn *Cystopteris fragilis* (L.) BERNH. Fam. Frauenfarngewächse (*Athyriaceae*) Mehrjährige Farnpflanze, 10–50 cm hoch. Blätter von schmal-lanzettlichem Umriß. Spreite des Wedels länger als der zerbrechliche Stiel, dieser oberseits mit tiefer Rinne. Fiedern deutlich gestielt (Bild oben), gleichhälftig. Fiederchen kurz gestielt bis sitzend, die unteren tief fiederteilig, die obersten kerbig-gesägt, etwas entfernt, recht zierlich. Nervenäste laufen in die Spitzen der Fiederchen aus. Verbreitet an sickerfeuchten Standorten, Mauern, Felsen, in Hangwäldern und Blockhalden. Formenreich. Sporenreife VII–IX.

Kleiner Blasenfarn *Cystopteris dickieana* Aufnahme 24. Juli

Kleiner Blasenfarn *Cystopteris dickieana* SIM. Mehrjährige Farnpflanze, 10 – 20 cm hoch. Blätter hmal-lanzettlich bis schmal-dreieckig, zur Basis nur undeutlich verschmälert. Fiedern kurz gestielt, einander genähert und teilweise überlappend. Meist als Unterart zur vorigen Art gestellt. Verbreitet bis zerstreut in schattigen Laubwäldern. Meist wohl übersehen. Sporenreife VII – VIII.

Aufnahme 15. Juli

Berg-Blasenfarn *Cystopteris montana* (LAMK.) BERNH. Mehrjährige Farnpflanze, 15 – 45 cm hoch. Blätter immer einzeln, nie in Büscheln stehend, von dreieckigem Umriß. Stiel nicht brüchig. Untere Fiedern auffallend ungleichhälftig: die zur Wedelbasis weisende Fieder deutlich vergrößert. Seitenäste der Spindel sichelförmig nach vorne gebogen. Ziemlich zerstreut bis selten in alpinen Kalk-Steinschutt-Gesellschaften und in Felsspalten. Sporenreife VII – VIII.

Adlerfarn *Pteridium aquilinum* Aufnahme 11. Oktober

Adlerfarn *Pteridium aquilinum* Aufnahme 16. Juni

Pteridium aquilinum

Aufnahme 16. Juni

Adlerfarn *Pteridium aquilinum* (L.) KUHN. Fam. Adlerfarngewächse (*Hypolepidaceae*). Mehrjährige Farnpflanze, 50 – 200 (– 300) cm hoch. Größte einheimische Art. Blätter im Umriß dreieckig, meist sehr groß, einzeln am Ende eines unterirdisch kriechenden Rhizoms (Bild links), 2- bis 4fach gefiedert. Fiederchen linealisch-lanzettlich, stumpf gerundet, ganzrandig, an sporangientragenden Wedeln randlich eingerollt und über die aufgereihten Sori geschlagen (Bild oben). Auf dem Querschnitt durch den untersten Bereich des Wedelstiels ist eine adlerähnliche Figur zu erkennen, die von den schwärzlichen Leitbündeln gebildet wird. Ziemlich häufig und bestandsbildend in artenarmen Laubmisch- und Kiefernwäldern, an Waldrändern, auf Schlägen und vernachlässigten Weiden. Meist auf sandigen Böden. Besonders im atlantischen Bereich Europas. Auch in anderen Erdteilen anzutreffen. Sporenreife VII – VIII.

Eichenfarn *Gymnocarpium dryopteris* (L.) NEWMAN. Fam. Schildfarngewächse (*Aspidiaceae*). Mehrjährige Farnpflanze, 10 – 40 cm hoch. Aufrechte, bogig überhängende Wedel. Blätter im Umriß breit-dreieckig, kahl, hellgrün, ziemlich zart. Unterste Fiedern ihrerseits gefiedert, obere Fiedern lediglich fiederschnittig. Unterste Teilblätter beinahe ebenso groß wie der übrige Wedel. Fiederchen gekerbt-gerundet. Sori klein, rundlich, dem Fiederchenrand genähert. Unverwechselbare Art. Verbreitet bis häufig in Hangwäldern und Hochstaudenfluren. Sporenreife VII – VIII.

Eichenfarn *Gymnocarpium dryopteris* Aufnahme 19. Juli

Aufnahme 20. Juni

Ruprechtsfarn *Gymnocarpium robertianum* (HOFFM.) NEWMAN. Fam. Schildfarngewächse (*Aspidiaceae*) Mehrjährige Farnpflanze, 10 – 40 cm hoch. Blätter von dreieckigem Umriß, unterseits dicht drüsig behaart, meist dunkelgrün. Unterste Teilblätter kleiner als der übrige Teil des Blattes. Fiederchen fiederteilig, mit unregelmäßig langen Zipfeln gekerbt bis gesägt. Fruchtbare (sporangientragende) Wedel von den sterilen nicht unterschieden. Sori rundlich, dem Blattrand genähert und oft ineinanderfließend. Meist selten, aber gesellig an kalkreichen, schattigen Standorten, in Kalkschutt-Wäldern, an Mauern, auf Felsen. Vor allem in den Kalkgebirgen. Sporenreife VII – VIII.

Buchenfarn *Phegopteris connectilis* Aufnahme 19. Juli

Buchenfarn *Phegopteris connectilis* (MICHX.) WATT. Fam. Sumpffarngewächse (*Thelypteridaceae*) Mehrjährige Farnpflanze, 15 – 30 cm hoch. Aufrechte, meist ausgebreitete Wedel. Blätter einfach gefiedert, im Umriß schmal-dreieckig, lang zugespitzt. Unterstes Fiederpaar von den übrigen entfernt und schwalbenschwanzartig nach rückwärts gerichtet. Blätter einzeln am kriechenden Rhizom. Sori rundlich, zu 4 – 6 auf der Blattunterseite. Ziemlich häufig und gesellig in Laubmischwäldern und Hochstaudenfluren. Kalkmeidend. Sporenreife VII – VIII.

Schwarzstieliger Streifenfarn *Asplenium adiantum-nigrum* Aufnahme 18. Juli

Aufnahme 18. Juli

Schwarzstieliger Streifenfarn *Asplenium adiantum-nigrum* L. Fam. Streifenfarngewächse (*Aspleniaceae*) Mehrjährig, 15–45 cm hoch. Aufrechte, ausgebreitete oder auch herabhängende Wedel. Blattstiel bis weit in den Spindelbereich glänzend dunkelbraun, ziemlich derb und dick. Blätter 2–4fach gefiedert, lederig, wintergrün, dreieckig, zugespitzt, mit meist aufwärts gebogenen Fiedern. Fiederchen länglich-oval bis keilförmig, stumpf bis stachelspitzig gezähnt. Sori länglich. Zerstreut an Mauern und Felsen in wintermilden Gebieten, bevorzugt auf kalkarmer Unterlage. Sporenreife VII–VIII.

Aufnahme 18. Juli

Meer-Streifenfarn *Asplenium marinum* L. Fam. Streifenfarngewächse (*Aspleniaceae*) Mehrjährige Farnpflanze, 10–40 cm hoch. Aufrechte, ausgebreitete oder (je nach Wuchsort) auch hängende Wedel. Blätter büschelig, von schmaldreieckigem Umriß, derb, oberseits glänzend dunkelgrün. Fiedern gekerbt, meist zugespitzt, länglich. Das abgebildete Exemplar ist eine junge Pflanze, die nicht alle typischen Artmerkmale zeigt. Nur an Küstenfelsen im atlantischen Bereich. Sporenreife X–XI.

Braunstieliger Streifenfarn *Asplenium trichomanes* Aufnahme 3. Juli

Braunstieliger Streifenfarn *Asplenium trichomanes* L. Fam. Streifenfarngewächse (*Aspleniaceae*) Mehrjährige Farnpflanze, 5 – 25 cm lang. Wedel in Büscheln am gestauchten Rhizom, wintergrün, einfach gefiedert. Blattstiel kürzer als die Wedelspreite, hornartig zäh, glänzend rot- oder schwarzbraun, nur sehr schmal geflügelt. Spindel ebenfalls rotschwarz. Fiedern rundlich, gegenständig, am Rande nur wenig gekerbt, meist in einer Ebene, sehr kurz gestielt. Verbreitet an Mauern und Felsen in frischer und schattiger Standortlage. Oft in der Gesellschaft der Mauerraute. Formenreich. Sporenreife VII – VIII.

Aufnahme 16. Oktober

Nördlicher Streifenfarn *Asplenium septentrionale* (L.) HOFFM. Fam. Streifenfarngewächse (*Aspleniaceae*) Mehrjährig mit büscheligen, ausgebreiteten oder überhängenden Wedeln, etwa 8 – 15 cm lang. Blätter gabelteilig, nur aus 2 – 4 schmal-lanzettlichen Fiedern bestehend. Blattstiel nur am Grunde braun. Spindel meist grün. Fiedern an der Spitze leicht gekrümmt, 2- bis 4zähnig eingeschnitten oder ganzrandig. Zuletzt gänzlich von Sori bedeckt. Kalkmeidende Pflanze an Mauern und Felsen in trockener, lichtexponierter Lage. Sporenreife VII – VIII.

Grünstieliger Streifenfarn *Asplenium viride* Aufnahme 14. August

Asplenium viride

Grünstieliger Streifenfarn *Asplenium viride* HUDS. Fam. Streifenfarngewächse (*Aspleniaceae*) Mehrjähriger Farn, 5–20 cm hoch, mit büschelig gestellten, ausgebreiteten oder hängenden Blättern. Blattstiel nur im untersten Teil rotbraun, sonst wie die Spindel grün und weich oder biegsam, ungeflügelt. Fiedern rundlich, deutlich gestielt, meist in einer Ebene, am Rande gekerbt, welken an der Spindel und fallen mit dieser ab. Ziemlich selten an schattigen Felsen und Mauern, überwiegend auf kalkhaltiger Unterlage. In den Alpen und im Alpenvorland etwas häufiger anzutreffen. Sporenreife VII – VIII.

Hirschzunge *Phyllitis scolopendrium* Aufnahme 30. Mai

Hirschzunge *Phyllitis scolopendrium* (L.) NEWMAN. Fam. Streifenfarngewächse (*Aspleniaceae*) Mehrjährig, 15 – 50 cm hoch, mit aufrechten oder schräggestellten Blättern. Blätter ungeteilt, zungenförmig, zugespitzt, am Rande leicht wellig, mit wenig verbreitertem, herzförmigem Spreitengrund, anfangs weißlich behaart, später ganz kahl, langgestielt. Blattstiel mit haarförmigen, bräunlichen Schuppen besetzt. Sori länglich-linealisch. Selten in Schluchtwäldern, an schattigen Felsen und Mauern auf sickerfeuchten, oft kalkhaltigen Böden. Schattenpflanze. Steht unter Naturschutz. Sporenreife VII – VIII.

Milzfarn *Ceterach officinarum* Aufnahme 20. Juli

Milzfarn *Ceterach officinarum* DC. Fam. Streifenfarngewächse (*Aspleniaceae*) Mehrjähriger Farn mit büschelig gestellten Wedeln, 5 – 20 cm lang. Blätter ledrig, mit meist ganzrandigen, rundlichen Fiedern. Wedel im Umriß länglich-lanzettlich, unterseits mit hellen, glänzenden, später hellbraunen Spreuhaaren dichtfilzig, oberseits graugrün. Hauptverbreitung im Mittelmeergebiet. Sonst nur sehr zerstreut in wintermilden Lagen (Weinbaugebiete). Sporenreife VI – VIII. Schützenswert.

Mauerraute *Asplenium ruta-muraria* Aufnahme 9. Juni

Mauerraute *Asplenium ruta-muraria*
Aufnahme 4. September

Mauer-Streifenfarn, Mauerraute *Asplenium ruta-muraria* L. Fam. Streifenfarngewächse (*Aspleniaceae*) Mehrjährige Farnpflanze mit ausgebreiteten oder herabhängenden Blättern. Blätter ziemlich derb, biegsam, mattgrün bis graugrün, nicht überwinternd, aber bis in den Winter hinein grün, 2- bis 4fach gefiedert, im Umriß breit-dreieckig. Fiedern vielgestaltig, rundlich oder keilförmig, meist mit verschmälertem Grund, vorne fein gekerbt oder gezähnt. Sori anfangs länglich, später zusammenfließend und die gesamte Unterseite einnehmend. Häufig an Felsen oder in Mörtelfugen von Mauerwerk an lichten, mäßig trockenen Standorten. Sporenreife VII – IX.

Krauser Rollfarn *Cryptogramma crispa* Aufnahme 19. Juli

Krauser Rollfarn *Cryptogramma crispa* (L.) R. BR. EX HOOKER. Fam. Rollfarngewächse (*Cryptogrammaceae*) Mehrjährige Farnpflanze, 15–30 cm hoch, in dichten Büscheln. Sterile Blätter im Umriß dreieckig-oval, gelbgrün; Fiedern und Fiederchen fiederteilig, verkehrt-eiförmig. Sporangientragende Blätter meist aufrecht und von den schräg ausgebreiteten Wedeln deutlich unterschieden, von länglich-ovalem Umriß mit schmal-linealischen Fiederchen. Sori vom eingerollten Rand der Fiederchen überdeckt. Ziemlich selten, aber gesellig in Grobschutthalden der Silikatgebirge. In Nordwesteuropa etwas häufiger. Arktisch-alpine Art. Sporenreife VIII.

Aufnahme 26. März

Frühlings-Nacktfarn *Anogramma leptophylla* (L.) LINK. Fam. Nacktfarngewächse (*Gymnogrammaceae*). Mehrjährige, nicht überwinternde Farnpflanze mit 10–20 cm langem Wedel. Die kurzgestielten, nur sehr wenig gegliederten Jugendblätter werden von langgestielten, 2- bis 3fach gefiederten Blättern überstellt. Fiedern mit keilförmigem Grund. Stengel am Grunde rötlichbraun. Kalkmeidende Art. An sickerfeuchten, schattigen Felsen. Vom Mittelmeergebiet entlang der Atlantikküsten bis zur Kanalküste. Sporenreife IV–VI.

Rippenfarn *Blechnum spicant* Aufnahme 16. August

Rippenfarn *Blechnum spicant* (L.) ROTH. Fam. Rippenfarngewächse (*Blechnaceae*) Mehrjähriger Farn, 15 – 50 cm hoch. Sterile Blätter wintergrün, niederliegend, im Umriß länglich-lanzettlich, regelmäßig fiederteilig mit sichelförmig geschwungenen Zipfeln, kahl, etwas lederig, meist in einer Rosette angeordnet. Blattzipfel länglich, kurz zugespitzt, ganzrandig, mit breitem Grund der Spindel ansitzend. Sporangientragende Blätter aufgerichtet, fiederteilig bis gefiedert mit schmalen, linealischen Zipfeln oder Fiedern, unterseits mit zwei langen, parallel angeordneten Sori, die mitunter miteinander verschmelzen. Kalkmeidend. Verbreitet bis zerstreut in Nadelwäldern, Hangwäldern und Bruchwäldern, vor allem im Bergland. Im Nordosten seltener. Sporenreife VII – IX.

Königsfarn *Osmunda regalis* Aufnahme 29. Juni

Königs-Rispenfarn, Königsfarn *Osmunda regalis* L. Fam. Rispenfarngewächse (*Osmundaceae*) Mehrjähriger, stattlicher Farn, 50 – 150 cm hoch. Blätter sehr groß, aufrecht oder ausgebreitet, doppelt gefiedert, hellgrün. Fiederchen ganzrandig oder nur schwach gekerbt. Sporangien gehäuft in einer langen Rispe im oberen Teil des Wedels, durch Verkleinerung der Blattfläche aus normalgrünen Wedelbereichen hervorgegangen; häufig mit Vergrünung und Verlaubung! In Bruch- und Moorwäldern, in Sumpfgebüsch und an Waldsäumen. Im Süden selten, im Nordwesten zerstreut. Steht unter Naturschutz. Sporenreife VI – VIII.

Gemeiner Tüpfelfarn *Polypodium vulgare* L. Fam. Tüpfelfarngewächse (*Polypodiaceae*). Mehrjähriger Farn, 10 – 50 cm hoch. Blätter im Umriß schmal-dreieckig, tief-fiederteilig, lang zugespitzt, etwas lederig-derb, kahl, wintergrün. Blattzipfel linealisch-länglich, mit verbreitertem Grund, ganzrandig oder schwach kerbig gesägt, im oberen Wedelteil gegenständig. Sori sehr groß, nur im oberen Wedelbereich (Bild links). Formenreich. Verbreitet in bodensauren Eichenwäldern, an schattigen Mauern und Felsen. Sporenreife VIII – IX.

Zum Formenkreis gehören ferner:

Südlicher Tüpfelfarn *Polypodium australe* FÉE. Wedel ziemlich gedrungen, breiter als beim Gemeinen Tüpfelfarn, mit grob sägezähnigen Blattzipfeln. Verbreitet im mediterran-atlantischen Gebiet. **Gesägter Tüpfelfarn** *Polypodium interjectum* SHIVAS. Blätter von lanzettlichem Umriß, 50 – 70 cm lang, am Rande scharf gesägt. Sori oval-länglich. Zerstreut bis verbreitet im Küstengebiet. Sporenreife VII – XII.

Gemeiner Tüpfelfarn *Polypodium vulgare* Aufnahme 18. Juli

Aufnahme 19. Juli

Alpen-Wimperfarn *Woodsia alpina* (BOULTON) S. F. GRAY. Fam. Frauenfarngewächse (*Athyriaceae*) Zierliche Farnpflanze, 5–15 cm hoch. Blätter in kleinen Büscheln, länglich-lanzettlich, einfach gefiedert. Fiedern oval, mit stumpfen Spitzen und Ecken, beidseits am Grunde mit 1–2 bis zur Mittelrippe geteilten Abschnitten. Schleier in Fransen aufgelöst, daher bei der Sporenreife unterseits scheinbar behaart. Nur im Alpengebiet. Sporenreife VII – VIII.

Aufnahme 19. Juli

Rostroter Wimperfarn *Woodsia ilvensis* (L.) R. BR. Fam. Frauenfarngewächse (*Athyriaceae*) Zierlicher Farn, 10–20 cm hoch. Blattstiel glänzend rotbraun bis rostrot, wie Wedel und Spindel mit Spreu- und Gliederhaaren besetzt. Blattspreite einfach gefiedert. Fiedern gegenständig, länger als breit. Zipfel der Fiedern abgerundet, fiederteilig. Ziemlich selten an sonnigen, trockenen Urgesteinsfelsen und in Geröllhalden. Sporenreife VII – VIII. Schützenswert.

Venushaarfarn *Adiantum capillus-veneris* L. Fam. Haarfarngewächse (*Adiantaceae*) Mehrjährig, 10–30 cm hoch, mit aufrechten, ausgebreiteten oder hängenden Blättern. Blattstiel und Spindel sehr dünn, schwarz glänzend. Blätter einfach gefiedert. Fiedern keilig-rhombisch, am Außenrand sehr fein gezähnt. Sori ohne Schleier. Extrem frostempfindlich. Im Sprühregen von Wasserfällen und in Grotten. Mittelmeergebiet und Südalpen. Auch als Zierpflanze. Sporenreife VI – IX.

Venushaarfarn *Adiantum capillus-veneris* Aufnahme 19. Juli

Aufnahme 15. Januar

Borstenfarn *Trichomanes speciosum* WILLD. Fam. Hautfarngewächse (*Hymenophyllaceae*) 10 – 25 cm hoch. Blätter dreieckig, 2 – 3fach gefiedert. Fiederchen fiederteilig mit schmalen, linealischen Zipfeln. Blattstiel lang, geflügelt. Sporen an einem borstenförmigen Sporangienstand innerhalb eines röhrigen Schleiers. Nur an wenigen Standorten in Irland. Sporenreife VII – IX.

Aufnahme 15. August

Mond-Rautenfarn, Mondraute *Botrychium lunaria* (L.) SW. Fam. Natternzungengewächse (*Ophioglossaceae*) Mehrjährige Farnpflanze, 5 – 30 cm hoch, mit jährlich nur einem Blatt, das in einen sterilen und einen sporangientragenden Teil gegliedert ist. Steriler Blatt-Teil einfach gefiedert. Fiedern halbmondförmig, überdecken sich am Rande. Sporangientragender Teil doppelt gefiedert. Zerstreut bis selten in bodensauren Magerrasen. Sporenreife VI – VIII. Aufnahme vom 15. August.

Gemeine Natternzunge *Ophioglossum vulgatum* L. Mehrjähriger Farn, 5 – 30 cm hoch, mit einfachem Stengel. Steriler Teil des Blattes aufrecht, ganzrandig, oval-lanzettlich, am Grunde scheidig, netznervig, gelbgrün. Sporangientragender Teil in Form einer endständigen Ähre. Zerstreut bis selten in meist kalkhaltigen Magerwiesen und Magerrasen. Auch am Rande von Röhrichten und in Dünenmooren. Sporenreife VI – VII. Schützenswert.

Gemeine Natterzunge *Ophioglossum vulgatum* Aufnahme 15. Juli

Wilsons Hautfarn *Hymenophyllum wilsonii* Aufnahme 19. Juli

Aufnahme 19. Juli

Wilsons Hautfarn *Hymenophyllum wilsonii* HOOK. Fam. Hautfarngewächse (*Hymenophyllaceae*) Kleiner, wurzelloser Farn, 5–10 cm lang, mit zarten, hellgrünen, einzelschichtigen Blättern. Blätter 1- bis 2fach gefiedert. Fiedern in linealische, vorne gerundete, buchtig gezähnte Zipfel zerteilt. Jeder Zipfel nur mit einem Blattnerv. Sori kapselartig (Bild links), von zwei Schleierklappen eingehüllt. Nur an feuchten, schattigen Standorten unter Felsen und an Bäumen. Nordwesteuropa: England, Irland, Färöer-Inseln. Sporenreife VI–VII.

Aufnahme 15. Mai

Englischer Hautfarn *Hymenophyllum tunbrigense* (L.) SM. Fam. Hautfarngewächse (*Hymenophyllaceae*) Zierliche Farnpflanze, 3–7 cm lang, mit einnervigen, durchscheinenden Blättern. Diese fiederteilig bis fiederspaltig mit entfernten, scharf-gesägten Zipfeln. Sori einzeln in einem zweiklappigen Schleier eingeschlossen. Sehr selten. In Mitteleuropa nur noch im luxemburgischen Buntsandsteingebiet. In Nordwesteuropa etwas häufiger. Sporenreife VIII.

Großer Algenfarn *Azolla filiculoides* Aufnahme 24. Juli

Großer Algenfarn *Azolla filiculoides* LAMK. Fam. Algenfarngewächse (*Azollaceae*) Kleiner Schwimmfarn mit gabelig verzweigtem Stengel und zweizeilig angeordneten, lappigen Blättern. Etwa 1 – 5 cm lang. In Aushöhlungen des nach oben gerichteten Blattlappens leben Blaualgen der Gattung *Anabaena*. Stengel an der Unterseite mit zahlreichen Wurzeln. Ursprünglich nur in Nordamerika. Stellenweise in Teichen, Gräben und Altwassern eingebürgert, jedoch meist nur sehr unbeständig. Sporenreife VII – IX.

Pillenfarn *Pilularia globulifera* Aufnahme 13. Juni

Pillenfarn *Pilularia globulifera* L. Fam. Kleefarngewächse (*Marsileaceae*) Mehrjährige Farnpflanze von binsenartigem Aussehen, etwa 5 – 10 cm hoch. Stengel weit kriechend. Blätter fadendünn, ungeteilt, rundlich, ziemlich unscheinbar. Sori in besonderen kugeligen, etwa erbsengroßen Sporokarpien eingeschlossen, diese am Grunde der Blätter (Bild unten). Ziemlich selten oder zerstreut auf nassen Schlammböden, an Teichrändern oder in abgelassenen Teichen und Gräben. Schützenswert. Sporenreife VII – IX.

Riesen-Schachtelhalm *Equisetum telmateia* Aufnahme 10. Juni

Riesen-Schachtelhalm *Equisetum telmateia* EHRH. Fam. Schachtelhalmgewächse (*Equisetaceae*) Mehrjährige Farnpflanze, 20–200 cm hoch. Sporangientragende Sprosse weißlich, mit 20- bis 30zähnigen, bis 4 cm langen Scheiden (Bild rechts), etwa 15 mm dick, sterben nach der Sporenreife rasch ab. Sporangienähre 4–8 cm lang, mit hohler Achse. Grüne sterile Sprosse im unteren Teil astlos, im oberen Teil dicht mit unverzweigten Ästen besetzt. Zerstreut in Quellmooren und an Bachsäumen. Sporenreife IV–V.

Acker-Schachtelhalm *Equisetum arvense* Aufnahme 11. Juli

Aufnahme 5. Juni

Acker-Schachtelhalm *Equisetum arvense* L. Fam. Schachtelhalmgewächse (*Equisetaceae*) Mehrjährige Farnpflanze mit langem, knotigem, tiefreichendem Rhizom. Sporentragende Sprosse im Frühjahr (III – IV), ziemlich kurzlebig, von gelblicher oder rötlich-brauner Färbung, etwa 10 – 30 cm hoch. Knotenscheiden (Bild links) mit 5 – 12 an den Enden zugespitzten Blättchen, am Ende mit einem ährenförmigen Sporangienzapfen. Sterile Sprosse an IV – V, aufrecht, steif, rauh, graugrün, schachtelartig gegliedert, wirtelig verzweigt. Stengel und Äste an den Knoten mit kleinen Blättchen besetzt. Häufig und oft als lästiges Unkraut auf Hackfruchtäckern, an Wegrändern, auf Wiesen oder Dämmen und in Gräben. Lehmanzeiger. Kommt bis in mittlere Gebirgsregionen vor. Zellwände der Pflanze durch Kieselsäure verfestigt. Daher wurde die Pflanze früher auch als Poliermittel für Zinngeräte benutzt. Für Tiere giftig. Sporenreife II – IV.

Ufer-Schachtelhalm *Equisetum littorale* KÜHLEW. Fam. Schachtelhalmgewächse (*Equisetaceae*) Bastard aus dem Acker-Schachtelhalm und dem Teich-Schachtelhalm (*Equisetum fluviatile*, s. S. 112), aber oft verwechselt und für eine der Elternarten gehalten. In Größe, Wuchshöhe und Verzweigungsgrad zwischen den Ausgangsarten stehend. Zerstreut in Wiesen, an Gräben und Teichufern.

Teich-Schachtelhalm *Equisetum fluviatile* Aufnahme 9. Juni

Equisetum fluviatile

Teich-Schachtelhalm *Equisetum fluviatile* L. EM. EHRH. Fam. Schachtelhalmgewächse (*Equisetaceae*) Mehrjährige Farnpflanze, 50–150 cm hoch. Stengel aufrecht, ungefurcht, nur wenig weißlich längsstreifig, glatt, mit großer Zentralhöhle. Sterile und sporangientragende Sprosse gleichgestaltet. Stengelscheiden mit 15–30 Zähnen. Sporangienähre endständig, mit stumpfem Ende. Verbreitet in Gräben, Teichen, Sümpfen, Großseggenröhrichten. Oft bestandsbildend (Bild links). Bei manchen Exemplaren

Equisetum fluviatile

Aufnahme 7. Juni

Aufnahme 9. Juni

kann die wirtelige Verzweigung der Knotenbereiche ausfallen – die Sprosse erscheinen dann vollends glatt (Bild rechts). Sporenreife von VI – VIII.

Winter-Schachtelhalm *Equisetum hyemale* L.
Fam. Schachtelhalmgewächse (*Equisetaceae*)
Mehrjährige Farnpflanze, 40 – 150 cm hoch. Sprosse dunkelgrün bis graugrün, überwinternd. Sproßscheiden enganliegend, mit 14 – 20 Zähnen, die frühzeitig abfallen und dann an jedem Knoten eine obere und untere dunkle Querbinde zurücklassen. Sterile und sporangientragende Sprosse nicht unterschieden. Stengelrippen 2kantig, kaum rinnig. Sporangienähre spitz. Zerstreut bis selten in anspruchsvollen Laubwäldern, Gebüschen, Schlägen und Säumen. Sporenreife VI – VIII.

Sumpf-Schachtelhalm *Equisetum palustre* L.
Fam. Schachtelhalmgewächse (*Equisetaceae*)
Mehrjährige Farnpflanze, 15 – 50 cm hoch. Stengel etwa 1 – 3 mm dick, 6- bis 10fruchtig, rauh, mit mäßig weiter Markhöhle. Sproßscheiden 6- bis 10zähnig. Zähne breithäutig berandet. Unterste Astglieder kürzer als die Sproßscheiden. Sterile und sporangientragende Sprosse gestaltlich nicht verschieden. Sporangienähre endständig, mit stumpfem Ende. Verbreitet bis häufig in nassen Wiesen, an Gräben und Ufern. Sporenreife VI – IX.

Wald-Schachtelhalm *Equisetum sylvaticum* Aufnahme 22. August

Wald-Schachtelhalm *Equisetum sylvaticum* L.
Fam. Schachtelhalmgewächse (*Equisetaceae*)
Mehrjährige Farnpflanze, 15 – 50 cm hoch. Sterile Sprosse aufrecht, hellgrün, mit zahlreichen dünnen, quirlig verzweigten, überhängenden Ästen; Sproßscheiden mit 3 – 6 eng anliegenden, stumpf-lanzettlichen Zähnen. Sporangientragende Sprosse gestaltlich unterschieden, erscheinen aber mit den sterilen Sprossen: Sproßscheiden blasig aufgetrieben; anfangs bleich, später ergrünend und durch Ausbildung langer, überhängender Äste den sterilen weitgehend gleich. Zerstreut bis verbreitet in Bergwiesen, Bergäkkern und feuchten Wäldern. Sporenreife IV – V.

Gemeines Brachsenkraut *Isoetes histrix* Aufnahme März

Aufnahme 15. August

Aufnahme 13. Juli

Gemeines Brachsenkraut *Isoetes histrix* BORY. Fam. Brachsenkrautgewächse (*Isoetaceae*) Mehrjährige Farnpflanze, 1 – 3 cm hoch. Blätter binsenartig, rosettig, flach, entspringen einer zwiebelartig verdickten Sproßbasis. Sporangien auf der Oberseite des Blattgrundes in grubenartige Vertiefungen eingesenkt. An sandigen oder heidigen Standorten, die sommertrocken sind und nur im Winter Wasser erhalten. Mittelmeergebiet. Zerstreut auch entlang der Atlantikküsten bis nach Südwestengland. Sporenreife IV – V. Ähnlich:

See-Brachsenkraut *Isoetes lacustris* L. Mehrjährige Farnpflanze, 5 – 20 cm hoch, mit steifen, dunkelgrünen, kurz zugespitzten Blättern. Untergetaucht am Boden nährstoffarmer, steiniger, klarer Gebirgsseen bis in 2 m Wassertiefe. Ziemlich selten. Häufiger nur in Nord- und Nordwesteuropa. Sporenreife VI – IX.

Dorniger Moosfarn *Selaginella selaginoides* (L.) LINK. Fam. Moosfarngewächse (*Selaginellaceae*) Moosähnliche Farnpflanze, 3 – 12 cm hoch, mit kurz kriechendem Stengel und aufsteigenden, sehr zarten Zweigen. Blätter wimperig gezähnt. Sporangien in den Achseln besonderer Blätter, die in endständigen, zapfenähnlichen Sporangienständen zusammenstehen und durch ihre hellere Färbung auffallen. In Magerrasen, Quellmooren und rieselnassen Standorten der Alpen verbreitet, sonst sehr selten. Sporenreife VII – VIII.

Tannen-Teufelsklaue *Huperzia selago* (L.) C. F. P. MART. Fam. Teufelsklauengewächse (*Huperziaceae*) Mehrjährige Farnpflanze aus dem Verwandtschaftskreis der Bärlappe. Gabelig verzweigt mit ungefähr gleichlangen Ästen, diese aufrecht und einen dichten Busch bildend. Sporangien einzeln oberseits am Grunde von Laubblättern. Blätter bis 9 mm lang. Insgesamt 5 – 30 cm hoch. Selten bis zerstreut in Bergnadelwäldern. Sporenreife VII – X.

Alpen-Flachbärlapp *Diphasium alpinum* (L.) ROTHM. Fam. Bärlappgewächse (*Lycopodiaceae*) Mehrjährige Pflanze, 10–30 cm lang. Sprosse abgeflacht, kriechend, nur an den Enden aufsteigend, gabelig verzweigt, durch Übergipfelung in längere und kürzere Zweige gegliedert. Blätter gegenständig, in 4 Reihen angeordnet, an der Sproßunterseite gekniet. Ährenähnliche Sporangienstände ungestielt, sitzen dichtbeblätterten Sprossen direkt auf. Ziemlich selten in kurzrasigen Gebirgswiesen und Zwergstrauchheiden außerhalb von Kalkgebieten. Nur in den höheren Mittelgebirgslagen und in den Alpen. Steht unter Naturschutz. Sporenreife VIII–IX.

Alpen-Flachbärlapp *Diphasium alpinum* Aufnahme 22. Juni

Keulen-Bärlapp *Lycopodium clavatum* Aufnahme 15. August

Keulen-Bärlapp *Lycopodium clavatum* L. Mehrjährige Pflanze, 5 – 30 cm lang. Sproß gabelig geteilt, Gabeläste ungleich lang. Alle Blätter wechselständig, Zweige nicht abgeflacht. Blätter an der Spitze in ein langes, weißes Haar auslaufend, am Rande gezähnelt bis gefranst. Sporangien in einem langgestielten (locker beblätterten), endständigen, aufgerichteten Sporangienstand zusammengefaßt. Sporophylle mit langer, farbloser Borste. Zerstreut bis selten in Heiden, Nadelwäldern und Nadelholzforsten. Steht unter Naturschutz. Sporenreife VII – VIII.

Goldenes Frauenhaar *Polytrichum commune*

Polytrichum commune

Polytrichum formosum HEDW. Fam. Haarmützenmoose (*Polytrichaceae*) Laubmoos, 5–15 cm lang, mit aufrechtem, meist unverzweigtem Stengel. Blätter 8–12 mm lang, mit weißer Scheide, länglich-lanzettlich, kurz zugespitzt, flach oder schwach rinnig. Kapselstiel 4–8 cm lang, gelbrot. Kapsel stumpf 4- bis 6kantig, mit undeutlich abgesetztem, bauchigem Hals. Verbreitet in bodensauren Laubmischwäldern auf morschem Holz und erdigen Felsen. Kalkmeidend.

Polytrichum piliferum

Goldenes Frauenhaar *Polytrichum commune* L. EX HEDW. Fam. Haarmützenmoose (*Polytrichaceae*) Laubmoos, 10–40 cm lang, in lockeren, dunkel- oder blaugrünen Rasen. Blätter spiralig angeordnet, länglich-linealisch, flach, 8–12 mm lang, mit brauner Spitze. Kapselstiel 6–12 cm lang, gelbrot, an der Spitze des beblätterten Stengels. Kapsel scharf vierkantig mit scheibenförmigem Hals und goldgelber Haarhaube. Verbreitet auf feuchten Wald- und Heideböden.

Polytrichum piliferum

Polytrichum piliferum HEDW. Fam. Haarmützenmoose (*Polytrichaceae*) Laubmoos, 2–6 cm lang, mit aufrechtem, unverzweigtem oder gegabeltem Stengel. Blätter steif aufrecht abstehend, mit gelber Scheide, länglich-lanzettlich, mit umgeschlagenem Rand, etwa 4–6 cm lang, rot. Kapsel mit 4 undeutlichen Rippen. Männliche Pflanzen (Bild links) mit hellroten Schutzblättern, die die Antheridien umhüllen. An offenerdigen, kalkfreien, oft sandigen Standorten. Trockenheitsverträglich.

Polytrichum juniperinum WILLD. EX HEDW. Fam. Haarmützenmoose (*Polytrichaceae*) Laubmoos, 1 – 7 cm hoch, meist in dichten Polstern. Pflanze graugrün mit orangeroten Blattspitzen. Blätter ganzrandig, nicht wie bei den übrigen Arten der Gattung scharf gesägt. Stengel am Grunde wurzelfilzig. Kapsel vierseitig. Die Abbildung zeigt männliche Pflanzen mit ihren auffallenden Blattrosetten, die die Antheridien einhüllen. Zerstreut an sonnigen bis lichten Standorten.

Pogonatum nanum (HEDW.) P. BEAUV. Fam. Haarmützenmoose (*Polytrichaceae*) Laubmoos, 1 – 3 cm hoch. Stengel einfach und unverzweigt. Blätter stumpf bis spitzlich, nur an der Spitze schwach gesägt, 3 – 4 mm lang. Kapsel urnenförmig ohne abgesetzten Hals und ohne behaarte Haube. Zerstreut an nassen, offenerdigen Standorten. Häufiger ist die verwandte Art *Pogonatum aloides,* die eine längere, zylindrische Kapsel trägt.

Andreaea rothii WEB. ET MOHR. Fam. Klaffmoose (*Andreaeaceae*) Laubmoos, 0,5 – 1,5 cm hoch. Pflanze in kleinen schwarzbraunen Büscheln. Im Unterschied zur verwandten Art *Andreaea rupestris* sind die Blätter länger und schmäler; sie tragen außerdem eine Blattrippe und stehen an der Stengelspitze einseitswendig. Ziemlich seltene Art, die vom Aussterben bedroht ist. An halbschattigen Silikatfelsen.

Andreaea rupestris HEDW. Fam. Klaffmoose (*Andreaeaceae*) Laubmoos, 0,5 – 3 cm hoch, häufig in kleinen, dunklen Polstern. Blätter ohne Blattrippe, mit warzigem Rücken. Kapsel sehr kurz gestielt, öffnet sich ausnahmsweise mit vier Klappen; daher werden diese beiden Arten auch in einer eigenen Familie Klaffmoose (*Andreaeaceae*) geführt. Zerstreut bis verbreitet in nebelreichen Lagen der Gebirge auf Felsen. Kalkmeidend.

Tetraphis pellucida HEDW. Fam. Georgsmoose (*Georgiaceae*) Laubmoos, 0,5 – 3 cm hoch. Pflanzen hellgrün, seltener rötlich überlaufen. Stengel reich beblättert. Blätter stumpf, lanzettlich-oval, ganzrandig. Fortpflanzungsorgane in becherartigen Körbchen an der Stengelspitze. Kapsel 4zähnig, auf 10 – 15 mm langem Stiel. Verbreitet an schattigen, feuchten Stellen wie Bachauen, Erlenbrüchern, morschem Holz u. ä.

Seligeria paucifolia (DICKS.) CARRUTHERS. Fam. Zwergmoose (*Seligeriaceae*) Laubmoos, etwa 5 – 8 mm hoch, gehören zu den kleinsten einheimischen Formen. Blättchen schmal-lanzettlich, zugespitzt. Kapsel ungestreift, mit kappenförmiger Haube. Kapselstiel gelblich, ziemlich kurz. Verbreitet bis zerstreut an schattigen Stellen in Kalkgebieten Nordwesteuropas.

Atrichum undulatum

Hornzahnmoos *Ceratodon purpureus*

Dicranella heteromalla

Atrichum undulatum (HEDW.) P. BEAUV. Fam. Haarmützenmoose (*Polytrichaceae*) Laubmoos in lockeren, grünen Polstern mit aufrechtem, 2–8 cm langem Stengel. Blätter 5–8 mm lang, abstehend, auffällig querwellig, zungenförmig, zugespitzt, nur im feuchten Zustand flach. Kapselstiel rot. Kapsel gekrümmt, mit langgeschnäbeltem Deckel. Ziemlich häufig in Eichen-Hainbuchenwäldern.

Hornzahnmoos *Ceratodon purpureus* (HEDW.) BRIG. Fam. Doppelhaarmoose (*Ditrichaceae*) Pflanzen in ausgedehnten rötlichen bis braungrünen Polstern, etwa 2–3 cm hoch. Blätter abstehend, lanzettlich, lang zugespitzt. Kapsel rotbraun, etwas geneigt, länglich. Sehr häufiges Moos an Wegen, Mauern, erdigen Felsen, auf Dächern und in Wiesen. Ziemlich formenreich.

Dicranella heteromalla (HEDW.) SCHIMP. Fam. Gabelzahnmoose (*Dicranaceae*) Laubmoos, 1–3 cm hoch, in dichten, hellgrünen, etwas glänzenden Rasen. Stengel aufrecht, selten gabelig verzweigt. Blätter im oberen Stengelteil einseitswendig abstehend, lanzettlich-borstenförmig mit langer, pfriemenförmiger Spitze. Kapsel länglich-oval mit langgeschnäbeltem Deckel. Säurezeiger auf Waldboden, morschem Holz. Silikatgestein.

Dicranoweisia cirrata

Dicranum scoparium

Dicranoweisia cirrata (HEDW.) LINDB. Fam. Gabelzahnmoose (*Dicranaceae*) Laubmoos, 0,5 – 2 cm in flachen, dichten Polstern. Stengel aufrecht. Blätter ganzrandig, ziemlich spitz, in der Blattmitte zurückgeschlagen, im trockenen Zustand stark gerollt, bis 2,5 cm lang. Kapseln schmal-zylindrisch. Verbreitetes bis häufiges Moos an Baumwurzeln, an Alleebäumen und morschem Holz. Vor allem in der Ebene und in niedrigen Bergregionen.

Dicranum scoparium HEDW. Fam. Gabelzahnmoose (*Dicranaceae*) Laubmoos mit aufrechtem, 5 – 10 cm langem Stengel in meist lockeren, grünen bis bräunlichgrünen Rasen. Blätter 5 – 8 mm lang, aus breitem Grund in eine lange Spitze ausgezogen, fast alle einseitswendig, meist sichelförmig gebogen. Kapselstiele 3 – 4 cm lang, oft zu mehreren aus demselben Stengel. Formenreiches, verbreitetes Waldbodenmoos zwischen Steinen und an Baumstämmen.

Dicranum majus TURN. Fam. Gabelzahnmoose (*Dicranaceae*) Laubmoos mit aufrechtem, 8 – 15 cm langem Stengel, dicht beblättert. Blätter alle einseitswendig, gelbgrün, etwas glänzend, in eine lange, pfriemenförmige Spitze ausgezogen, die meist sichelförmig gebogen ist. Zerstreute Art an feuchtschattigen, humosen Standorten. Am Boden von Laubwäldern und Nadelforsten.

Campylopus introflexus

Weißmoos *Leucobryum glaucum*

Fissidens adianthoides

Campylopus introflexus (HEDW.) BRID. Fam. Gabelzahnmoose (*Dicranaceae*) Laubmoos mit aufrechten, sehr starren Stengeln, 0,5 – 10 cm hoch, meist in dichten Polstern. Blätter schmal-linealisch mit auffallender Blattrippe, die in ein langes, biegsames Glashaar ausläuft. Ursprünglich nur in Neuseeland und Südamerika. Seit 1976 auch in Deutschland nachgewiesen und rasch nach Osten vordringend. An lichten, meist trockenen Waldsäumen, an Waldwegen und Säumen. Bisher nur steril gefunden.

Weißmoos, Ordenskissen *Leucobryum glaucum* (HEDW.) ANGSTR. Fam. Weißmoose (*Leucobryaceae*) Gut kenntliches Laubmoos in dichten, oft sehr großen Polstern. Stengel aufrecht, gabelig verzweigt, 5 – 15 cm hoch. Blätter spiralig gestellt, lanzettlich, 3 – 5 mm lang, weißlich bis bläulichgrün. Kapselstiel 3 – 7 cm lang. Kapsel sehr klein, dunkelbraun glänzend. Verbreitet in bodensauren Eichenwäldern an morschem Holz und an Baumstämmen.

Fissidens adianthoides HEDW. Fam. Spaltzahnmoose (*Fissidentaceae*) Laubmoos, 5 – 8 cm hoch. Stengel aufrecht oder aufsteigend. Blätter zweizeilig gestellt, zungenförmig, mit lichtem, gezähntem Rand, reiten mit einem gefalteten Blattlappen auf dem Rückenflügel des nachfolgenden Blattes. Sumpfmoos in Wiesenmooren, Quellsümpfen und Naßfluren. Ziemlich zerstreut.

Fissidens taxifolius

Encalypta streptocarpa HEDW. Fam. Glockenhutmoose (*Encalyptaceae*) Laubmoos, 0,5–2 cm hoch, mit aufrechten Stengeln. Blätter hellgrün-gelbgrün, spiralig gestellt, zungenförmig, am oberen Stengelabschnitt etwas gedrängt, feucht abstehend, trocken stark gekrümmt. Kapseln nur sehr selten mit spiralig gewundenen Streifen. Zerstreut auf Kalkgestein, in Mörtelfugen, auf Beton, meist an lichten und nur mäßig trockenen Standorten.

Tortula ruralis (HEDW.) GAERTN., MEYER ET SCHERB. Fam. Drehzahnmoose (*Pottiaceae*) Laubmoos mit aufrechtem oder hängendem, 3–7 cm langem Stengel. Pflanzen in lockeren, gelblich-grünen bis braunroten Polstern. Blätter spiralig angeordnet, etwa 5 mm lang, länglich-elliptisch, mit langem, weißem Glashaar. Kapsel mit spitzkegeligem Deckel. Zerstreut auf sonnigen, trockenen Sandrasen, in Dünen, an steinigen Wegsäumen.

Fissidens taxifolius HEDW. Fam. Spaltzahnmoose (*Fissidentaceae*) Laubmoos mit aufrechten Stengeln etwa 5–10 cm lang, meist jedoch kürzer, in lockeren, lückigen Beständen. Blätter zweizeilig gestellt, breit zungenförmig, etwas zugespitzt, gegen die Spitze leicht gezähnt. Blattrippe tritt als kleine Stachelspitze aus. Kapsel bräunlich-rot, meist stark geneigt. Zerstreut bis verbreitet auf schattigen, feuchten Waldböden.

Tortula muralis HEDW. Fam. Drehzahnmoose (*Pottiaceae*) Laubmoos in kleinen, etwa 0,5–1,5 cm hohen Polstern mit aufrechten, meist unverzweigten Stengeln. Blätter zungenförmig, etwas abgestumpft, am Rand gelblich, mit langem Glashaar. Kapselstiel 1–2 cm lang, gelblich-braunrot. Kapsel aufrecht, schmal-zylindrisch. Deckel langgeschnäbelt. Weit verbreitet an Mauern, in Mörtelfugen. Gern auf Kalk. Formenreich.

Pottia heimii (HEDW.) FÜRNR. Fam. Drehzahnmoose (*Pottiaceae*) Laubmoos, 0,5–1 cm hoch, in dichten Rasen. Blätter am aufrechten Stengel spiralig angeordnet, eiförmig-dreieckig, in der Spitze gesägt, am Rand flach. Kapsel oval, zur Zeit der Sporenreife rostrot auf rötlich-braunen Stielen. Ausgesprochene Salzbodenart. Verbreitet bis zerstreut in Salzmarschen oder an küstennahen, salzimprägnierten Felsen. Im Binnenland sehr selten und nur an Salinen.

Tortella tortuosa

Barbula convoluta

Pottia truncata (HEDW.) B. S. G. Fam. Drehzahnmoose (*Pottiaceae*) Laubmoos mit aufrechten Stielen, etwa 2 – 6 mm hoch, gewöhnlich in lockeren, lückigen Rasen. Blätter ganzrandig, länglich-oval, hellgrün, wenig zugespitzt. Kapsel auf gelblichem Stiel, aufrecht, mit deutlich geschnäbeltem Kapseldeckel. Verbreitetes Erdmoos auf Ton, Lehm, an Ackerrändern, Böschungen und an verschiedenen Ruderalstandorten mit verdichtetem Boden.

Tortella tortuosa (HEDW.) LIMPR. Fam. Drehzahnmoose (*Pottiaceae*) Laubmoos, 2 – 5 cm hoch, in dichten gelbgrünen oder bräunlichen, innen rotfilzigen Polstern. Stengel aufrecht, nur wenig verzweigt. Blätter trocken stark gekräuselt, feucht ziemlich verbogen, schmal-linealisch mit lang ausgezogener Spitze. Kapsel aufrecht, eiförmig bis zylindrisch. Kalkliebendes Moos auf Gestein, in Mauerfugen oder auf Erde. In der Ebene selten. Meist im Bergland.

Barbula convoluta HEDW. Fam. Haarzahnmoose (*Trichostomaceae*) Laubmoos, 2 – 6 mm hoch, mit aufrechten Stielen in lockeren Rasen (Bild oben). Blätter etwa 1 mm lang, gelbgrün, zungenförmig, kurz zugespitzt, unterseits gekielt, am Rande schwach gekerbt. Kapsel rötlich auf strohgelbem Kapselstiel, walzlich, mit geschnäbeltem Deckel. Zerstreut auf dürrer Erde oder auf Gestein. Auch in Pflasterfugen.

Barbula cylindrica (TAYL.) SCHIMP. Fam. Haarzahnmoose (*Trichostomaceae*) Laubmoos, 0,5 – 1,5 cm hoch, mit aufrechten Stielen. Pflanzen gewöhnlich gelblich-braun. Blätter dreieckig, mit schlanker, langgezogener Spitze, am Stengel spiralig angeordnet. Kapseln mit geschlängelten, rötlichen Stielen. Zerstreute bis seltene Art auf meist kalkhaltigem Gestein, seltener auch auf Erde an lichten bis sonnigen, meist trockenen Stellen.

Trichostomum brachydontium BRUCH. Fam. Haarzahnmoose (*Trichostomaceae*) Laubmoos in lockeren Rasen mit aufrechten, 1 – 4 cm hohen Stielen. Blätter zungenförmig, bis 10 mm lang, im trockenen Zustand auffällig gewunden und gedreht. Meist steril und nur selten mit ovalen Kapseln, die sehr brüchig sind. Häufig vor allem auf Felsen in Küstennähe. Im Binnenland nur sehr zerstreut an feuchtschattigen Kalkfelsen.

Grimmia pulvinata

Cinclidotus fontinaloides (HEDW.) P. BEAUV. Fam. Gitterzahnmoose (*Cinclidotaceae*) Kräftiges, oliv- bis schwarzgrünes Moos mit verzweigten Stengeln, bis etwa 12 cm lang. Blätter lanzettlich, mit kräftiger Blattrippe, ganzrandig, wulstig gesäumt, Kapsel meist in die Büschel eingesenkt und von den Blättern verdeckt. Wassermoos an den Ufern von Bächen und Flüssen. Sehr zerstreut, da gegen Gewässerverschmutzung sehr empfindlich.

Schistidium apocarpum (HEDW.) B. S. G. Fam. Kissenmoose (*Grimmiaceae*) Laubmoos mit aufrechten Stielen, etwa 1 – 6 cm hoch. Blätter länglich-lanzettlich, gekielt; nur die oberen mit Glashaarspitze. Kapseln sehr kurz gestielt oder ungestielt, mit auffallenden roten Kapselzähnen. Formenreich. Zerstreut bis verbreitet auf kalkhaltigen Unterlagen meist im Halbschatten.

Grimmia pulvinata (HEDW.) SM. Fam. Kissenmoose (*Grimmiaceae*) Laubmoos, 1 – 2 cm hoch, in dichten, blaugrünen bis schwärzlichen, meist kleinen Polstern. Blätter länglich-lanzettlich, mit umgerolltem Rand, an der Spitze mit langem, weißem Glashaar (Bild unten). Kapsel kugelig-oval. Sehr häufiges Moos an Mauern, auf Dächern und Gesteinsschutt, aber nie auf Erde. Eine der häufigsten Arten.

Dryoptodon patens

Racomitrium aquaticum

Schistidium maritimum (TURN.) BR. Fam. Kissenmoose (*Grimmiaceae*) Laubmoos in dichten Kissen, etwa 1,5 – 2 cm hoch, mit aufrechten, allenfalls etwas gabelig verzweigten Stengeln. Blätter dunkelgrün, im trockenen Zustand stark gekräuselt. Kapseln meist im Kissen geborgen, da sehr kurzstielig. Verbreitet an küstennahen Felsen oberhalb der Hochwassermarke. Bevorzugt saure Unterlagen, daher meist auf Granit. Vor allem in Nordwesteuropa.

Dryoptodon patens (HEDW.) BRID. Fam. Kissenmoose (*Grimmiaceae*) Laubmoos mit aufrechten oder aufsteigenden Stengeln, etwa 2 – 8 cm. Meist in lockeren, dunkelgrünen oder gelblichen Polstern. Blätter schmal-lanzettlich, zugespitzt. Auf der Unterseite der Mittelrippe mit zwei schmalen Flügelsäumen. Sehr zerstreute Art auf rieselfeuchten Felsen in Gebirgslagen.

Racomitrium aquaticum (P. BEAUV.) BRID. Fam. Kissenmoose (*Grimmiaceae*) Laubmoos mit meist aufrechten Stengeln, 4 – 8 cm lang, die dicke grünlich-gelbe Büschel oder Polster bilden. Blätter länglich-lanzettlich, mit stumpfer Spitze ohne weißes Glashaar. Kapsel walzlich, rötlich, deutlich gestielt. Moosart von boreal-montaner Verbreitung. In Mitteleuropa selten. In Nordeuropa an schattig-feuchten Standorten häufiger.

Racomitrium lanuginosum

Funaria hygrometrica

Racomitrium lanuginosum (HEDW.) BRID. Fam. Kissenmoose (*Grimmiaceae*) Laubmoos mit teils liegenden, teils aufsteigenden Stengeln, etwa 5–15 cm lang, meist reicher verzweigt. Blätter schmal-linealisch, am Grunde umgeschlagen, an der Spitze mit sehr langem, gezähntem Glashaar, oft einseitswendig. Rasen dunkel-graugrün, manchmal recht ausgedehnt. An nebelfeuchten, zeitweise sonnig-trockenen Standorten. Auf Halden, in Heiden und in Mooren. Vor allem in höheren Lagen.

Ptychomitrium polyphyllum (SW.) FÜRNR. Fam. Faltenmützenmoose (*Ptychomitriaceae*) Laubmoos mit aufrechten Stengeln in kräftigen, 1–5 cm hohen Rasen. Blätter gewellt, spitz zulaufend, in der Spitze gesägt, etwa 2–3 mm lang, am unteren Rand umgerollt. Kapsel deutlich längsstreifig, auf geradem Kapselstiel. Kalkfliehendes Felsmoos von atlantischer Verbreitung an lichten, luftfeuchten Standorten. In Mitteleuropa relativ zerstreut.

Funaria hygrometrica HEDW. Fam. Drehmoose (*Funariaceae*) Laubmoos in meist dichten, hellgrünen Rasen, oft sehr große Flächen einnehmend. Pflanzen etwa 1–2 cm lang. Blätter ovallanzettlich, kurz zugespitzt, nicht faltig. Kapsel geneigt oder hängend, schief birnenförmig, reif gelb oder gelbrot auf strohgelbem Stiel. Häufiges Moos in Mauerfugen, auf Erde und zwischen Pflaster. Im Wald regelmäßig auf Feuerstellen.

Orthodontium lineare

Physcomitrium pyriforme (HEDW.) HAMPE. Fam. Drehmoose (*Funariaceae*) Kleines Laubmoos bis 5 mm hoch, meist einzeln, seltener rasig. Blätter oval-länglich, bis zur Mitte gesägt, stumpfspitzig. Kapsel birnenförmig, aufrecht auf rötlichen, 5–10 mm hohen Kapselstielen. Weit verbreitet und recht häufig an Wegen, Ufern, auf abgeernteten Äckern, in nassen Wiesen oder an Ruderalstandorten auf grundfeuchter Unterlage.

Splachnum ampullaceum HEDW. Fam. Schirmmoose (*Splachnaceae*) Laubmoos bis etwa 3 cm hoch, mit schmalen, lang zugespitzten Blättern, scharf gesägt. Stengel aufrecht, gewöhnlich in kleinen Büscheln. Kapselstiel purpurrot, unterhalb der Kapsel aufgeblasen; dieser kropfförmige Teil etwa 3mal so dick wie die eigentliche Kapsel, anfangs hellgelb, später rot. Zerstreut auf Kuhdung, in Mooren und Quellfluren.

Splachnum sphaericum HEDW. Fam. Schirmmoose (*Splachnaceae*) Laubmoos mit aufrechten Stengeln, bis 3 cm hoch, in weichen, lockeren Büscheln. Blätter breit-oval, ganzrandig, zugespitzt. Kapselstiele sehr dünn, bis 10 cm lang, rötlich, unter der Kapsel kugelig angeschwollen, anfangs grünlich, später fast schwarz, nur doppelt so breit wie die eigentliche Kapsel. Auf Kuhdung in Gebirgsregionen. Im Flachland sehr zerstreut.

Leuchtmoos *Schistostega pennata* (Hedw.) Web & Mohr. Fam. Spaltdeckelmoose (*Schistostegaceae*) Laubmoos in Höhlen und Spalten von kalkfreiem Gestein. Die zarten, flachen Stengel sind ca. 1,5 cm lang und zweireihig beblättert. Der fadenförmige Vorkeim (Protonema) enthält zum Teil kugelförmige Zellen, die als Sammellinsen wirken und die Lichtintensität in den Zellteilen, in denen die Chloroplasten liegen, etwa verdoppeln.

Orthodontium lineare SCHWAEGR. Fam. Birnmoose (*Bryaceae*) Kleines Laubmoos mit aufrechten Stengeln bis 1 cm hoch. Blätter sehr schmal, länglich-linealisch, lang zugespitzt, geschlängelt, meist ganzrandig. Kapseln geneigt, keulenförmig, mit schief aufsitzendem Deckelschnabel. Aus Südafrika über England in die Niederlande eingeschleppt und von dort seit etwa 1950 auch in Deutschland. Besonders in Fichtenforsten und auf Torf.

Pohlia nutans

Bryum capillare

Pohlia carnea (SCHIMP.) LINDB. Fam. Birnmoose (*Bryaceae*) Kleines Laubmoos mit aufrechten Stengeln bis etwa 1 cm hoch. Stengel dichtblättrig. Blätter eiförmig-länglich, zugespitzt, am Stengelgrund etwas rundlicher. Kapseln länglich-oval, geneigt oder hängend, mit orangeroten Kapselzähnen zur Zeit der Sporenreife. Kapselstiele orangerot. Zerstreut bis verbreitet an feuchtschattigen Standorten. Nach Nordwesten zu häufiger. Vor allem an Fluß- und Bachläufen.

Bryum capillare HEDW. Fam. Birnmoose (*Bryaceae*) Laubmoos mit aufrechten Stengeln, 1 – 3 cm hoch, in weichen, dichten Rasen, satt- bis schmutziggrün, stark wurzelfilzig. Blätter länglich-oval, die obersten rosettig. Kapsel waagerecht bis hängend, birnförmig bis zylindrisch, etwa 5 mm lang, rötlichbraun, auf 2 – 4 cm langen, weitbogig gekrümmten Stielen. Recht häufig an Gestein, Mauern, Baumrinde und Baumbasen. Meist an lichten bis schattigen Standorten.

Pohlia nutans (HEDW.) LINDB. Fam. Birnmoose (*Bryaceae*) Kleines Laubmoos mit aufrechten Stengeln in lockeren oder wenig verdichteten Rasen, bis 4 cm hoch. Blätter schmal-linealisch bis lanzettlich, lang zugespitzt. Blattrand bis über die Blattmitte hinaus umgebogen. Kapsel anfangs grünlich, später gelbbraun, hängend, fallen leicht ab. Kapselstiele rot. Häufige bis verbreitete Art in Wäldern und Heiden, aber auch an Mauerwerk an lichten bis schattigen Stellen.

Bryum algovicum SENDT. EX C. MÜLL. Fam. Birnmoose (*Bryaceae*) Kleines Laubmoos mit aufrechten oder aufgerichteten Stengeln bis 1,5 cm hoch. Blätter spiralig angeordnet, länglich-oval, mit kurzer Spitze und breit ansitzender Basis. Nur anhand von Kapselmerkmalen sicher zu bestimmen. Kapsel birnenförmig, hängend, mit relativ kurzem Kapselhals und Querleisten auf den Kapselzähnen. Zerstreut bis verbreitet auf feuchtem Sand oder in Mauerritzen, meist in Küstennähe. Im Binnenland seltener.

Bryum argenteum HEDW. Fam. Birnmoose (*Bryaceae*) Laubmoos mit unverzweigtem oder gabelig geteiltem Stengel, etwa 1 – 1,5 cm hoch, in ziemlich dichten Rasen, silberweiß oder weißlichgrün-graugrün. Blätter den Stengeln dicht anliegend, dachziegelartig angeordnet, ganzrandig. Kapsel hängend, oval, dunkelrot. Kapselstiel 1 – 2 cm lang, rötlich, geht im Kapselbereich in ein dickes Halsstück über. Sehr häufig in Mauerfugen, auf Dächern und zwischen Straßenpflaster.

Bryum pseudotriquetrum

Bryum pseudotriquetrum (HEDW.) SCHWAEGR. Fam. Birnmoose (*Bryaceae*) Laubmoos mit kräftigen, aufrechten Stengeln, bis 10 cm hoch, manchmal auch darüber. Ziemlich dicht in oliv- bis braungrünen Rasen, innen braunfilzig. Blätter oval, zugespitzt, mit roter Blattrippe, randlich gelb oder braun gesäumt. Kapseln nicht allzu häufig, dunkelbraun, auf langen, dünnen Stielen. Zerstreute Art in Quellsümpfen, Sumpfwiesen und an überrieselten Felsen.

Rhizomnium punctatum

Rhizomnium punctatum (HEDW.) KOP. Fam. Sternmoose (*Mniaceae*) Laubmoos, 5 – 10 cm hoch, mit kräftigem, aufrechtem, meist unverzweigtem Stengel, der bis zur Mitte braunfilzig ist. Blätter verkehrt-eiförmig, vorne abgerundet, am Rande wulstig gesäumt, etwa 10 mm lang, grasgrün, mit sehr deutlichem, rotbraunem Blattstiel. Kapsel länglich-oval, nickend, auf rotbraunem Stiel. Verbreitet an morschem Holz, an feuchten Wegen, Böschungen, und auf kalkfreien Mauern.

Mnium hornum

Mnium affine

Mnium undulatum

Mnium hornum HEDW. Fam. Sternmoose (*Mniaceae*) Zweihäusiges Laubmoos, 2,8 cm hoch, mit aufrechten oder ausgebreiteten Stengeln, die im unteren Teil dicht braun- oder rotfilzig sind. Blätter dicht, kräftig grün, länglich, etwas zugespitzt, gezähnt, mit deutlicher, bräunlicher Blattrippe. Kapseln auf langen, gelblichen Stielen, hängend. Sporenreife im Frühjahr. Ziemlich häufige und weit verbreitete Art in Wäldern, auf kalkfreien Böden und an feuchten Felsen.

Mnium affine BLANDOW. Fam. Sternmoose (*Mniaceae*) Zweihäusiges Laubmoos, 4–8 cm hoch, mit aufrechten, meist grünen Stengeln, am Grunde rostfilzig. Blätter breit-rundlich, am Stengel herablaufend, mit breiter, grüner Blattrippe, ganzrandig oder wenig gezähnt. Formenreiche Art. Nur selten mit Kapseln. Verbreitet bis häufig an schattig-feuchten, meist kalkfreien Standorten in Siedlungsnähe, an Wegsäumen, Mauern, aber auch in Parkrasen und an Böschungen.

Mnium undulatum WEIS EX HEDW. Fam. Sternmoose (*Mniaceae*) Zweihäusiges Laubmoos, 5–15 cm hoch, mit aufrechten, an der Spitze bäumchenartig verzweigten Stengeln, meist in lockeren, ausgedehnten, sattgrünen Rasen. Blätter nach oben allmählich größer werdend, lang zungenförmig, an der Spitze flach abgerundet oder mit sehr kurzem Spitzchen, stark querwellig. Kapseln waagerecht bis hängend, grüngelb oder braun. Mehrere Kapselstiele am Ende der Stengel. Häufig bis verbreitet in Waldschluchten, Laubwäldern oder Erlenbrüchern an schattig-feuchten Stellen.

Aulacomnium androgynum

Aulacomnium palustre

Plagiomnium rostratum (SCHRAD.) KOP. Fam. Sternmoose (*Mniaceae*) Laubmoos mit meist ausgebreiteten oder wenig aufsteigenden Stengeln, bis etwa 5 cm hoch. Blätter fast zweizeilig angeordnet, durchscheinend, oval, kurz zugespitzt, hellgrün, am Rande gezähnt. Pflanze in lockeren, weichen Rasen. Kapseln im Frühjahr. Meist zwei Kapselstiele am Ende der Stengel. Verbreitet bis zerstreut am Waldboden oder an schattigen Plätzen an Bachläufen.

Aulacomnium androgynum (HEDW.) SCHWAEGR. Fam. Sternmoose (*Mniaceae*) Zweihäusiges Laubmoos mit aufrechten, nur am Grunde verzweigten Stengeln, 2–6 cm hoch, in dichten, aber weichen polsterförmigen Rasen. Blätter um 1 mm lang, schmal-lanzettlich, zugespitzt, spiralig angeordnet. Stengel in einen blattlosen Teil verlängert, an dessen Ende kopfig gedrängt Fortpflanzungsorgane stehen. Ziemlich selten an morschem Holz an schattigen, luftfeuchten Standorten.

Aulacomnium palustre (HEDW.) SCHWAEGR. Fam. Sternmoose (*Mniaceae*) Zweihäusiges Laubmoos mit aufrechten Stengeln, bis 10 cm hoch, in weichen, dichten Polstern. Am Grunde mit dichtem rostbraunem Wurzelfilz. Blätter lanzettlich, lang zugespitzt, olivgrün bis gelbgrün, mit gezähnter Spitze. Zerstreut bis selten in Heidemooren, Torfmooren, kalkfreien Sumpf- und Naßwiesen. Im Bestand gefährdet durch Rückgang geeigneter Feuchtbiotope.

Philonotis fontana

Orthotrichum anomalum

Bartramia pomiformis HEDW. Fam. Apfelmoose (*Bartramiaceae*) Laubmoos mit aufrechten Stengeln, am Grunde stark rot- oder braunfilzig, etwa 5 – 8 cm hoch. Meist in dichten, geschlossenen Rasen. Blätter mit weißer Scheide, gelbgrün, schmal-lanzettlich, mit langer, pfriemenförmiger Spitze. Kapseln kugelig, von Apfelform und -farbe, etwas schräg gestellt. Zerstreut im Bergland auf kalkfreien, schattigen und feuchten Felsen.

Bartramia ichthyphylla BRID. Fam. Apfelmoose (*Bartramiaceae*) Laubmoos mit aufrechten, am Grunde stark wurzelfilzigen Stengeln, etwa 4 cm hoch, in lockeren Rasen. Blätter hellgrün, lang pfriemenförmig, mit hellen, weißlichen Blattscheiden, Kapseln auf 1 – 3 cm langen Kapselstielen, kugelig, hellgrün. Sehr zerstreut in erdigen Felsspalten, an feuchten Waldwegböschungen. Vorwiegend auf kalkfreien Standorten.

Philonotis fontana (HEDW.) BRID. Fam. Apfelmoose (*Bartramiaceae*) Laubmoos mit aufrechten, 2 – 10 cm hohen Stengeln, meist in dichten Polstern. Am Grunde stark dunkelbraun bis schwärzlich wurzelfilzig. Blätter dicht stehend, kurz, schmal, zugespitzt, am Rande gezähnt. Kapseln anfangs grün, zuletzt rotbraun, waagerecht geneigt, auf langen, rötlichen Kapselstielen. Sehr formenreich. Verbreitet in Quellfluren, an Bachufern und rieselfeuchten Felsen.

Orthotrichum anomalum HEDW. Fam. Goldhaarmoose (*Orthotrichaceae*) Laubmoos in kleinen Büscheln oder Polstern bis etwa 5 cm hoch. Stengel aufrecht, wenig gabelig verzweigt. Blätter olivgrün bis gelbgrün, lanzettlich, lang zugespitzt, deutlich gekielt. Kapselstiel nur 1 – 2 mm lang. Kapsel überragt daher die Blätter kaum, aufrecht, walzlich, schwach gefurcht, rötlichbraun. An sonnigen, lichten, zeitweise trockenen Stellen an Mauern, in Trockenrasen und an Felsen.

Amphidium mougeotii

Orthotrichum diaphanum SCHRAD EX BRID. Fam. Goldhaarmoose (*Orthotrichaceae*) Laubmoos mit aufrechten, etwa 1 – 2 cm hohen Stengeln. Meist in dichten, am Grunde braunfilzigen Rasen. Blätter breit lanzettlich, zugespitzt, gelblichgrün, mit kurzer, weißer Glasspitze. Kapseln gelbbraun, längsstreifig, zwischen den Blättern eingesenkt. Formenreiche Art. Zerstreut an Mauern, auf Laubholzborke und (gelegentlich) Beton, an sonnigen, aber luftfeuchten Stellen.

Orthotrichum lyellii HOOK. ET TAYLOR. Fam. Goldhaarmoose (*Orthotrichaceae*) Laubmoos, 1 – 4 cm hoch, mit aufrechten Stengeln, meist in lockeren, lückigen, rasigen Beständen. Blätter spiralig angeordnet, schmal-lanzettlich, lang zugespitzt, mit besonderen, der vegetativen Vermehrung dienenden Brutkörpern. Kapseln zur Sporenentwicklung nur selten. Zerstreut in niederschlagsreichen und nebelfeuchten Gebieten. Meist nur im Bergland.

Breutelia chrysocoma

Amphidium mougeotii (B. S. G.) SCHIMP. Fam. Gabelzahnmoose (*Dicranaceae*) Laubmoos mit aufrechten Stengeln, bis etwa 8 cm hoch, in ausgedehnten, dichten Rasen (Bild links). Blätter spiralig angeordnet, sehr schmal, lang zugespitzt, rollen sich beim Trocknen auf. Meist ohne Kapseln. Zerstreut an halbschattigen, nassen, dauerfeuchten oder überrieselten Felsen. Bevorzugt im Bergland, in der Ebene sehr selten.

Ulota crispa (HEDW.) BRID. Fam. Goldhaarmoose (*Orthotrichaceae*) Laubmoos, 0,5 – 2 cm hoch mit aufrechten Stengeln in weichen, hellgrünen, dichten Polstern. Blätter schmal-lanzettlich, in sehr lange Spitzen ausgezogen, trocken stark gekräuselt. Kapseln kurzgestielt, länglich-zylindrisch, längsstreifig, gelb-bräunlich. Typisches Rindenmoos auf Esche, Hasel, Erle und Weide. Vor allem im Bergland verbreitet.

Breutelia chrysocoma (HEDW.) LINDB. Fam. Goldhaarmoose (*Orthotrichaceae*) Laubmoos mit aufrechten, an der Spitze bäumchenförmig verzweigten Stengeln, bis etwa 10 cm hoch, in lockeren, dichten, rasigen Beständen, am Grunde dicht braunfilzig. Blätter gelbgrün, sparrig abstehend, spiralig angeordnet, etwa 2 – 3 mm lang, schmal-lanzettlich mit schlanker Spitze. Kapseln selten. Zerstreut an sonnigen, kalkfreien, überrieselten Felsen oder in Naßwiesen, Feuchtheiden und Quellfluren.

Ulota phyllantha BRID. Fam. Goldhaarmoose (*Orthotrichaceae*) Laubmoos in kleinen, verdichteten Büscheln 0,5 – 2 cm hoch, am Grunde rötlich bis bräunlich verfilzt. Blätter bis 3 mm lang, schmal, lang zugespitzt, trocken kraus und gewunden, gelbgrün. An den Spitzen der Stengelblätter manchmal Brutkörper (Gemmen). Kapseln nur sehr selten. Salztolerantes Moos oberhalb von Flutmarke und Spritzwasserzone an atlantischen Küsten. Auf Felsen oder Holz. Fehlt im Binnenland.

Hedwigia ciliata (HEDW.) EHRH. EX P. BEAUV. Fam. Hedwigsmoose (*Hedwigiaceae*) Laubmoos mit aufrechten, gabelig verzweigten, roten oder rotbraunen Stengeln, 1 – 10 cm hoch, in lückigen Rasen. Blätter länglich-oval, ohne Blattrippe, hellgrün, in ein langes, gesägtes Glashaar ausgezogen. Bestände schimmern daher weißlich oder hellgrün. Nur gelegentlich mit Kapsel. Zerstreut an sonnigen, gelegentlich auch sehr trokkenen Standorten wie Felsen, Mauern oder Dächer. Kalkfliehende Art.

Gemeines Brunnenmoos *Fontinalis antipyretica* HEDW. Fam. Brunnenmoose (*Fontinalaceae*) Laubmoos mit 10 – 40 cm langen, meist flutenden, reich verzweigten Stengeln. Blätter dunkelgrün bis schwarzgrün, in 3 Reihen, auffallend gekielt, bis 8 mm lang, lang zungenförmig. Selten mit ovalen, olivbraunen Kapseln. Zerstreut vorkommendes Wassermoos in meist schnellfließenden, sauberen oder nur schwach verschmutzten Fließgewässern. Widerstandsfähig gegen Austrocknung.

Neckera complanata (HEDW.) HÜB. Fam. Nekkermoose (*Neckeraceae*) Laubmoos mit ausgebreiteten, hängenden, liegenden oder aufsteigenden, unregelmäßig verzweigten, fiederigen Stengeln, bis etwa 5 cm lang. Verzweigungen flach in einer Ebene. Blätter gelbgrün, länglich-zungenförmig, mit kurzer, abgesetzter Spitze, meist anliegend. Kapseln selten. Empfindlich gegen Luftverschmutzung. Zerstreut bis verbreitet an Mauern, Felsen in luftfeuchter Lage.

Neckera crispa HEDW. Fam. Neckermoose (*Neckeraceae*) Laubmoos mit zweizeilig abgeflachten, kräftigen Stengeln, 5 – 20 cm lang, meist aufsteigend, ausgebreitet oder hängend, unregelmäßig fiederförmig verzweigt. Blätter durchscheinend hellgrün, ganzrandig, ohne Blattrippe, zungenförmig, mit sehr kurzer Spitze, auffallend querwellig. Nur selten mit Kapsel. Verbreitet bis zerstreut am Fuß alter Bäume, auf Baumstämmen oder an (Kalk-)Felsen. Empfindlich gegen Luftverschmutzung.

Thamnobryum alopecurum (HEDW.) NIEUWL. Fam. Bäumchenmoose (*Thamniaceae*) Laubmoos mit kriechenden Stengeln, von denen endständig bäumchenartig verzweigte Seitenäste aufsteigen, etwa 15 cm hoch. Äste oft zweizeilig. Blätter spiralig angeordnet, oval, kurzzugespitzt, etwas sparrig abstehend, 2 – 3 mm lang. Pflanzen in lockeren, dunkelgrünen-olivgrünen Rasen. Kapseln selten. Zerstreut an Ufermauern, in Schluchtwäldern. auf feuchten Blockhalden und an Kalkfelsen in schattiger, feuchter Lage.

Climacium dendroides

Thuidium tamariscinum

Climacium dendroides (HEDW.) WEBER ET MOHR. Fam. Leitermoose (*Climaciaceae*) Laubmoos mit liegenden, kriechenden, blattlosen Stengeln und davon abzweigenden aufrechten Stengeln, 1 – 3 cm hoch, an der Spitze bäumchenförmig verzweigt. Blätter grün oder bräunlich-grün, spiralig gestellt, aufrecht abstehend oder dachziegelig, länglich-oval, längsfaltig. Verbreitet in dauerfeuchten bis nassen Wiesen, an Wegrändern, in Parkrasen und Weiden.

Anomodon viticulosus (HEDW.) HOOK. ET TAYLOR. Fam. Trugzahnmoose (*Leskeaceae*) Laubmoos mit kriechenden, blattlosen Stengeln und aufsteigenden oder hängenden, wenig verzweigten, dichtblättrigen Ästen, 2 – 10 cm hoch. Blätter gelbgrün oder hellgrün, etwas derb, flach, trocken einseitswendig. Kapseln selten. Zerstreut bis verbreitet an schattigen Stellen am Grund von Bäumen oder an Felsen und Mauern. Bevorzugt in Kalkgebieten.

Thuidium tamariscinum (HEDW.) B. S. G. Fam. Thujamoose (*Thuidaceae*) Laubmoos in oft ausgedehnten, hell- bis gelbgrünen, sehr lockeren, lückigen Rasen. Stengel liegend oder schwach aufsteigend, 3 – 10 cm lang, ziemlich regelmäßig dreifach gefiedert. Blätter spiralig gestellt, anliegend oder wenig abstehend, Astblätter 0,5 mm lang, oval, flach, glatt; Stengelblätter 1,5 mm lang, längsfaltig, zugespitzt. Zerstreut bis verbreitet in Erlenbrüchern, Schluchtwäldern oder an Bachauen. Auch in Nadelforsten.

Cratoneurum commutatum var. *commutatum*

Cratoneurum commutatum var. *falcatum*

Cratoneurum commutatum (HEDW.) ROTH. Fam. Starknervmoose (*Cratoneuraceae*) Laubmoos in meist ausgedehnten, lockeren, weichen, gelbgrünen bis olivbraunen Rasen. Stengel aufsteigend oder aufrecht, 4–10 cm hoch, am Grunde gelb-rotfilzig und kalkkrustig. Blätter sichelförmig, länglich-dreieckig, um 2 mm lang. Immer an Kalktuffbildungen beteiligt, daher überwiegend an nassen, stärker überrieselten Felsen und Bachufern in Kalkgebieten.

Cratoneurum commutatum* var. *falcatum (BRID.) MONK. Fam. Starknervmoose (*Cratoneuraceae*) Die Pflanzen dieses Formenkreises unterscheiden sich im Aussehen erheblich von der oben links abgebildeten Nominatform. Sie sind nur wenig und unregelmäßig verzweigt. Blätter wesentlich schlanker. Selten bis zerstreut an Gebirgsbächen in Kalkgebieten.

Heterocladium heteropterum (BRID.) B. S. G. Fam. Thujamoose (*Thuidaceae*) Laubmoos mit liegenden oder aufsteigenden Stengeln, die ihrerseits unregelmäßig verzweigt sind. Verzweigungen weisen alle in eine Richtung. Blätter an Stengeln und Ästen gleichartig, oval, zugespitzt, einseitswendig, dunkelgrün. Kapseln nur selten. Zerstreut bis verbreitet an schattigen, ständig feuchten oder überspülten Standorten wie Bachufern oder Felsnischen. Kalkscheu.

Drepanocladus uncinatus

Leptodictyum riparium (HEDW.) WARNST. Fam. Stumpfdeckelmoose (*Amblystegiaceae*) Laubmoos mit wenig verzweigten, liegenden oder aufsteigenden Stengeln, die lockere Rasen bilden. Blätter spiralig angeordnet, schmal-dreieckig, abstehend, in eine feine Spitze ausgezogen. Häufig (im Frühjahr und Sommer) mit grünen, waagerecht abstehenden oder nickenden Kapseln auf dünnen, schwarzbraunen Stielen. An Ufern, auf Bachsteinen und Brückenmauern.

Amblystegium serpens (HEDW.) BR. EUR. Fam. Stumpfdeckelmoose (*Amblystegiaceae*) Laubmoos mit dichtem Netzwerk kriechender Stengel, von denen kurze Seitenzweige bis etwa 2 cm hoch aufsteigen. Blätter sehr klein, länglich-dreieckig, wenig abstehend, mit gerader, kaum über die Blattmitte hinausreichender Rippe. Kapseln lang-zylindrisch, anfangs waagerecht, später aufrecht. Zerstreut bis verbreitet an Mauern, auf Beton oder Borke von Kernobstarten. Vor allem in Kalkgebieten.

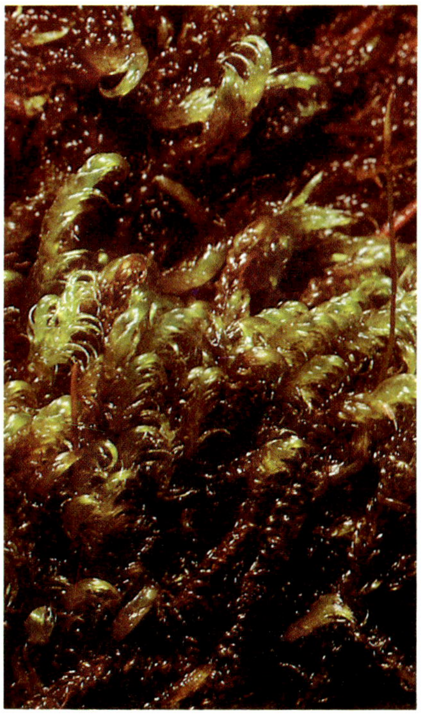

Drepanocladius fluitans (HEDW.) WARNST. Fam. Stumpfdeckelmoose (*Amblystegiaceae*) Laubmoos mit liegenden, nur wenig aufsteigenden oder mit lang flutenden, weichen Stengeln, bis etwa 30 cm lang. Blätter sichelförmig, mit langgezogener Spitze, oft gerollt, an den Stengelenden einseitswendig, grün bis gelbbraun, nicht faltig. Kapseln zylindrisch, gekrümmt. An Tümpelufern, in Moorschlenken, Feuchtheiden oder Gräben. Zerstreut. Meist nur in der Ebene.

Drepanocladus revolvens (C. MÜLLER) WARNST. Fam. Stumpfdeckelmoose (*Amblystegiaceae*) Laubmoos mit aufsteigenden, unregelmäßig verzweigten, mitunter büscheligen Stengeln, 5 – 10 cm lang. Blätter sehr dicht, am Grunde breit ansitzend, lang zugespitzt und fast ringförmig sichelig gekrümmt, einseitswendig, gelbgrün bis rötlich. Zerstreut an lichten bis sonnigen Stellen, in Sümpfen, Quell- und Wiesenmooren. Vorwiegend im Bergland.

Drepanocladus uncinatus (HEDW.) WARNST. Fam. Stumpfdeckelmoose (*Amblystegiaceae*) Laubmoos mit liegenden bis aufsteigenden, überwiegend unregelmäßig verzweigten Stengeln, bis 10 cm hoch. Blätter länglich-dreieckig, spitz zulaufend, ziemlich schmal, sichelförmig gebogen, aber nicht gerollt, an den Stengelenden einseitswendig. Kapseln im Frühjahr, länglich-walzlich, rotbraun, gekrümmt. Zerstreut bis verbreitet an Baumborke, morschen Baumstämmen und feuchten Böschungen.

Scorpidium scorpioides

Calliergon cuspidatum

Calliergon stramineum (BRID.) LINDB. Fam. Stumpfdeckelmoose (*Amblystegiaceae*) Laubmoos mit liegenden oder wenig aufsteigenden, sehr spärlich verzweigten, dünnen Stengeln, bis etwa 15 cm lang. Stengelblätter breit-oval, konkav, hellgrün oder gelbgrün; Ästchenblätter schmal-länglich und kleiner. Selten mit Kapseln. Ziemlich zerstreut bis selten in Quellfluren, kalkfreien Sümpfen und anderen dauernassen, aber lichten Standorten. Oft zwischen Torfmoos-Polstern.

Scorpidium scorpioides (HEDW.) LIMPR. Fam. Stumpfdeckelmoose (*Amblystegiaceae*) Laubmoos mit dicken, kräftigen, etwas angeschwollenen, liegenden Stengeln und Ästen, bis etwa 15 cm lang. Blätter spiralig gestellt, meist bräunlich oder rötlich-grün, oval, um 3 mm lang und bis 2 mm breit, vorne abgestumpft, konkav. Stengelspitzen stumpfendig, schwach eingekrümmt. Kapseln länglich, waagrecht abstehend. Zerstreut in Quellsümpfen, an Teichen, Gräben, Ufern und in Kalkflachmooren.

Calliergon cuspidatum (HEDW.) LINDB. Fam. Stumpfdeckelmoose (*Amblystegiaceae*) Laubmoos mit aufsteigenden oder aufrechten, annähernd regelmäßig fiederförmig verzweigten Stengeln, etwa 10 cm lang, in lockeren, grüngelben oder bräunlich-roten Rasen. Stengelenden zugespitzt. Blätter breit-oval, stumpf, anliegend oder wenig abstehend. Kapseln im Frühjahr, länglich-oval, rotbraun. Zerstreut bis verbreitet an Ufern, Gräben, in Schlucht- und Auenwäldern.

Camptothecium sericeum (HEDW.) LINDB. Fam. Kurzbüchsenmoose (*Brachytheciaceae*) Laubmoos mit liegenden oder eingekrümmt aufsteigenden Stengeln, etwa 8 – 15 cm lang, reich verzweigt, aber kurzästig, in dichten, seidig glänzenden, gelbgrünen Polstern. Blätter sehr dicht, schmal-dreieckig, kurz zugespitzt, am Grunde gezähnt, faltig. Blattrippe erreicht nicht die Blattspitze. Kapseln zapfenförmig. Verbreitet an Mauern, Gestein, Felsen.

Camptothecium sericeum

Isothecium myosuroides

Brachythecium rivulare

Isothecium myurum BRID. Fam. Gleichbüchsenmoose (*Lembophyllaceae*) Laubmoos mit fadenförmigen, langkriechenden Stengeln und bogig aufsteigenden oder liegenden, fiederförmig verzweigten Ästen, etwa 3 cm hoch, etwas starr. Blätter spiralig gestellt, länglich-oval, 2–3 mm lang, kurz zugespitzt. Kapseln zylindrisch, vor allem im Herbst und Winter. Ziemlich häufig auf Borke an der Basis von Laubbäumen. Empfindlich gegen Luftverschmutzung.

Isothecium myosuroides BRID. Fam. Gleichbüchsenmoose (*Lembophyllaceae*) Laubmoos mit kriechender Grundachse und davon aufsteigenden, am Ende unregelmäßig bäumchenartig verzweigten Stengeln, bis etwa 5 cm hoch. Blätter länglich-oval, kurz zugespitzt, am Rande gesägt, anliegend oder schräg abstehend. Kapseln länglich-keulenförmig auf seitlich an den Stengeln ansitzenden Stielen. Zerstreut an feuchten, oft tiefschattigen (Höhlen!) Standorten, an Baumstämmen und auf Felsen.

Brachythecium rivulare B. S. G. Fam. Kurzbüchsenmoose (*Brachytheciaceae*) Laubmoos mit aufsteigenden, steifen oder weichen, aber langflutenden Stengeln, zwischen 5 und 25 cm lang, unregelmäßig flach-fiederig oder büschelig verzweigt, gelbgrün bis bräunlich. Blätter sehr dicht, dachziegelig geordnet, breit-oval, kurz zugespitzt, 2–3 mm lang, flach, hohl. Überwiegend im Bergland verbreitet bis häufig auf überrieseltem Gestein, an Ufern von Fließgewässern, Wasserfällen und überspültem Bachgestein.

Brachythecium plumosum

Brachythecium rutabulum

Brachythecium plumosum (HEDW.) B. S. G. Fam. Kurzbüchsenmoose (*Brachytheciaceae*) Laubmoos mit aufsteigenden oder ausgebreiteten Stengeln, etwa 3–5 cm lang, unregelmäßig oder spärlich fiederförmig verzweigt, am Grunde dichtfilzig. Blätter konkav eingewölbt, fein gezähnt, schmal-lanzettlich, lang zugespitzt, etwas gewunden und meist einseitswendig. Kapseln auf rötlich-braunen Stielen, zylindrisch, oft geneigt. Auf Bachgestein, überrieselten oder luftfeuchten Felsen, an Mauern und Baumwurzeln. Vor allem im Bergland, in der Ebene selten.

Brachythecium rutabulum (HEDW.) B. S. G. Fam. Kurzbüchsenmoose (*Brachytheciaceae*) Laubmoos mit liegenden, am Ende mitunter ausläuferartig verlängerten Stengeln, 5–15 cm lang, unregelmäßig, teilweise dicht fiederförmig verzweigt. Blätter abstehend, löffelartig konkav, längsfaltig, breit-oval, zugespitzt, gelbbraun, stark glänzend, ringsum gesägt. Kapseln gestielt an seitlichen Kurztrieben, geneigt bis waagerecht, gekrümmt, An Mauern, Baumstämmen und -stümpfen, zwischen Parkrasen und in Gärten. Ziemlich häufig und formenreich.

Cirriphyllum piliferum (HEDW.) GROUT. Fam. Kurzbüchsenmoose (*Brachytheciaceae*) Laubmoos in lockeren, bleichgrünen Rasen mit liegenden, aufsteigenden oder hängenden, ziemlich dicht, aber unregelmäßig verzweigten Stengeln, bis 20 cm lang. Blätter dachziegelig geordnet, 2–3 mm lang, am Grunde breit-oval, an der Spitze plötzlich lang ausgezogen, wenig faltig, fast flach. Kapseln oval-länglich, braun, auf seitlich an Kurztrieben ansetzenden Stielen. Ziemlich zerstreut an trockenen Kalkgesteinen, meist in Laubwäldern der Gebirgsregion, im Flachland seltener.

Rhynchostegium confertum

Pseudoscleropodium purum

Rhynchostegium confertum (DICKS.) B. S. G. Fam. Kurzbüchsenmoose (*Brachytheciaceae*) Laubmoos mit aufrechten oder aufsteigenden, unregelmäßig verzweigten Stengeln, bis 3 cm hoch. Blätter oval, schmal zugespitzt, gelbgrün bis grasgrün, am Rande gezähnt. Pflanzen in lichten, lockeren Rasen. Kapseln meist im Winter, gekrümmt und waagerecht abstehend, auf langen, bräunlichen Stielen. Zerstreut bis verbreitet an Mauern, auf Steinen in Wäldern, an Baumwurzeln, selten auf Erde. Außerhalb der Mittelgebirge nach Norden etwas häufiger.

Pseudoscleropodium purum (HEDW.) FLEISCH. Fam. Kurzbüchsenmoose (*Brachytheciaceae*) Laubmoos mit liegenden, ausgebreiteten oder wenig aufsteigenden Stengeln, 5–15 cm lang. Unregelmäßig, locker, fiederig verzweigt, in lichten, hellgrünen Rasen. Stengel- und Astenden stumpf. Blätter dachziegelartig angeordnet, anliegend, bleichgrün, breit-oval, haarfein zugespitzt. Kapselstiel rauh, etwas gebogen. Kapsel zylindrisch, braun, abstehend. Sehr häufiges Moos an grasigen Wegen, Böschungen und an ruderal beeinflußten Standorten. In Nadelforsten sehr ausgedehnt.

Eurhynchium praelongum (HEDW.) HOBKIRK. Fam. Kurzbüchsenmoose (*Brachytheciaceae*) Laubmoos in lockeren Rasen mit liegenden oder hängenden Stengeln, lang, unregelmäßig fiederförmig verzweigt. Achsen sehr schlank und dünn. Blätter schräg abstehend, länglich-oval, plötzlich scharf zugespitzt, mit breiten Flügeln am Stengel herablaufend, gelbgrün. Pflanzen etwas glänzend. Ästchenblätter schmaler als Stengelblätter. Kapseln meist im Winter. Verbreitet bis zerstreut auf Waldböden, an Baumwurzeln oder morschem Holz. Häufiger im Flachland.

Eurynchium praelongum

Eurynchium striatum (HEDW.) SCHIMP. Fam. Kurzbüchsenmoose (*Brachytheciaceae*) Laubmoos mit liegenden, ausgebreiteten oder aufsteigenden Stengeln, 10–15 cm lang, unregelmäßig fiederförmig oder büschelig verzweigt. Äste zur Spitze hin ziemlich schlank und etwas überbogen. Blätter dicht, wenig anliegend und an der Spitze struppig abstehend, oval, kurz zugespitzt, faltig, konkav. Kapseln selten. Hauptsächlich auf Waldböden in schattigen, feuchten Lagen verbreitet. Auch auf Baumstubben.

Plagiothecium nemorale

Plagiothecium undulatum

Plagiothecium denticulatum (HEDW.) B. S. G. Fam. Schiefbüchsenmoose (*Plagiotheciaceae*) Laubmoos in lockeren, weichen, hell- bis sattgrünen, glänzenden Rasen, Stengel meist liegend, 2–6 cm lang, unregelmäßig verzweigt. Seitenästchen aufsteigend, mitunter auch ausläuferartig verlängert. Blätter spiralig oder annähernd zweizeilig, länglich-oval, scharf zugespitzt, flach, Verbreitet bis zerstreut in schattigen, feuchten Wäldern, vor allem in tieferen Lagen.

Plagiothecium nemorale (MITT.) JAEG. Fam. Schiefbüchsenmoose (*Plagiotheciaceae*) Laubmoos mit kräftigen, liegenden, unregelmäßig verzweigten Stengeln, bis etwa 5 cm lang. Äste und Stengelenden abgeflacht. Blätter breit-oval, spiralig, aber etwas zur Seite gedrückt und dadurch zweizeilig aussehend. Kapseln nur gelegentlich im Sommer, gekrümmt. Verbreitet bis zerstreut an schattig feuchten bis nassen Böschungen, an Bachufern oder auf Waldböden. Empfindlich gegen Änderungen des Grundwasserspiegels.

Plagiothecium undulatum (HEDW.) BR. EUR. Fam. Schiefbüchsenmoose (*Plagiotheciaceae*) Laubmoos mit liegenden, ausgebreiteten, unregelmäßig verzweigten Stengeln. Blätter spiralig, aber seitlich in eine Ebene gedrängt, glänzend, bleichgrün, durchscheinend, oval, ganzrandig, nur kurzspitzig, deutlich querwellig. Kapseln selten, länglich-walzlich, auf seitlich an Kurztrieben ansitzenden Stielen. Zerstreut bis verbreitet an kalkfreien und feuchtschattigen Standorten. Überwiegend in Nadelwäldern.

Hypnum cupressiforme

Hypnum jutlandicum

Isopterygium elegans (BIRD.) LINDB. Fam. Schiefbüchsenmoose (*Plagiotheciaceae*) Laubmoos mit liegenden, ausgebreiteten, unregelmäßig verzweigten Stengeln, bis etwa 10 cm lang. Pflanzen in weichen, dichten, bleich- bis hellgrünen, seidig glänzenden, flachen Rasen. Blätter spiralig angeordnet, abstehend, schmal-lanzettlich, mit kurzer Spitze. Oft auch mit Büscheln langer, nahezu blattloser Stengel, die der vegetativen Vermehrung dienen. Ziemlich weit verbreitet auf Waldböden und an Wegböschungen.

Hypnum cupressiforme L. EX HEDW. Fam. Schlafmoose (*Hypnaceae*) Laubmoos mit dichten, ausgebreiteten, recht flachen, gelblichgrünen bis bräunlichen Rasen. Stengel 5–10 cm lang, schlank, meist herabhängend, unregelmäßig in einer Ebene verzweigt. Ästchen meist alle parallel gerichtet. Blätter andeutungsweise zweizeilig, breit-oval, mit langgezogener Spitze. Formenreich. Die Abbildung zeigt die var. *filiformis*. Ziemlich häufiges Waldmoos auf Erde, an morschem Holz und an Baumstämmen. Empfindlich gegen SO_2-Gehalt der Luft.

Hypnum cupressiforme L. EX HEDW. **var. *cupressiforme.*** Fam. Schlafmoose (*Hypnaceae*) Stengel unregelmäßig verzweigt, 3–10 cm lang. Blätter spiralig, aber etwas zur Seite gedrängt und andeutungsweise zweizeilig, breit-oval, mit langer, gekrümmter Spitze. Nominatform dieser formenreichen, in verschiedene ökologische Rassen zerfallenden Art. Ziemlich häufig an Borke, auf Gestein, an morschem Holz und auf Waldboden. Empfindlich gegen SO_2-Belastung der Luft.

Hypnum jutlandicum HOLMEN ET WARNCKE Fam. Schlafmoose (*Hypnaceae*) Laubmoos in flachen, weichen, lückigen Rasen mit liegenden oder aufsteigenden, meist unregelmäßig verzweigten Stengeln. Ästchen alle in einer Ebene. Blätter weniger dicht als bei den vorigen Formen, hellgrün, glänzend, sichelförmig gebogen und vorne gezähnt. Oft auch als var. *ericetorum* zur vorigen Art gestellt. Besonders in der Ebene in Nadelforsten, Heiden und in Eichen-Birkenwäldern.

Federmoos *Ptilium crista-castrensis*

Ctenidium molluscum (HEDW.) MITT. Fam. Schlafmoose (*Hypnaceae*) Laubmoos in dichten, meist flachgedrückten Polstern. Stengel bis 10 cm lang, liegend oder ausgebreitet. Ästchen zweizeilig, bis 1 cm lang, kammartig fiederig verzweigt, an den Spitzen heller. Blätter auffallend einseitswendig-sichelförmig mit bogig gekrümmter Spitze, sonst flach, kaum längsfaltig. Kapseln selten. Zerstreut bis verbreitet auf mergeligen Waldböden, an kalkreichen Felsen in schattiger, frischer Lage.

Hyocomium armoricum (BRID.) WIJK ET MARG. Fam. Schlafmoose (*Hypnaceae*) Laubmoos in lockeren, kleineren oder ausgedehnten, gelb-bräunlichen oder hellgrünen Rasen. Stengel liegend, ausgebreitet oder aufsteigend, bis 5 cm lang, an den Enden stumpf bis rundlich. Stengelblätter gezähnt, Ästchenblätter kleiner und vorne stumpf. Kapseln nur sehr selten. Zerstreut bis selten an nassen, ständig überrieselten oder überspülten, kalkfreien Felsen und Baumwurzeln. Immer im Uferbereich von Flüssen und Bächen.

Federmoos *Ptilium crista-castrensis* (HEDW.) DENOT. Fam. Schlafmoose (*Hypnaceae*) Laubmoos in lockeren, etwas steifen, hell- bis gelbgrünen Rasen mit liegenden oder aufsteigenden, dicht und regelmäßig einfach gefiederten Stengeln, 8 – 20 cm lang. Ästchen in einer Ebene ausgebreitet, ihrerseits um 2 cm lang. Blätter spiralig angeordnet, lanzettlich, in eine lange Spitze ausgezogen, einseitswendig-sichelförmig gekrümmt. Kapseln selten. Zerstreut bis verbreitet in humusreichen Nadelforsten. Meist mit der Fichtenkultur verbreitet.

Hylocomium splendens (HEDW.) B. S. G. Fam. Hainmoose (*Hylocomiaceae*) Laubmoos in lockeren, weichen, oft etagenförmig geschichteten, gelblich- bis olivgrünen Rasen. Stengel 10 – 15 cm lang, rot, aufsteigend oder bogig überhängend. Aus der Rückenmitte des Stengels zweigt aufsteigend der folgende Jahrestrieb ab. Blätter dachziegelig geordnet. Stengelblätter mit langer, etwas querfaltiger Spitze, Ästchenblätter kurzgespitzt. An Böschungen und auf Waldböden. Nach Süden zu etwas häufiger als im Norden.

Rhytidiadelphus loreus (HEDW.) WARNST. Fam. Hainmoose (*Hylocomiaceae*) Laubmoos in lockeren, meist ausgedehnten, dunkelgrünen bis olivgrünen Rasen. Stengel kriechend, 10 – 25 cm lang, unregelmäßig fiederig verzweigt. Ästchen zweizeilig, liegend oder nur wenig aufgerichtet. Blätter spiralig gestellt, allseitig abstehend, nur in den Spitzen etwas sichelförmig-einseitswendig, flach, leicht faltig, in eine schlanke Spitze ausgezogen. Zerstreut auf morschem Holz, auf Waldböden oder Gestein in schattigen, feuchten, immer kalkfreien Standorten von Bergwäldern. In der Ebene sehr selten.

Rhytidiadelphus squarrosus

Rhytidiadelphus triquetrus

Pleurozium schreberi

Rhytidiadelphus squarrosus (HEDW.) WARNST. Fam. Hainmoose (*Hylocomiaceae*) Laubmoos mit aufrechten Stengeln, 5–15 cm hoch, in lockeren, hellgrünen, schwach glänzenden Rasen. Pflanzen unregelmäßig, zum Teil büschelig verzweigt. Blätter allseits sparrig abstehend, um 3 mm lang, länglich-oval, in eine lange Spitze ausgezogen, meist weit zurückgerollt und nur am Blattgrund flach. Kapseln selten. Sehr häufig bis verbreitet an lichten, sonnigen, meist aber etwas vernäßten Standorten. In Sumpfwiesen, an Wegsäumen, auch in Park- und Gartenrasen.

Rhytidiadelphus triquetrus (HEDW.) WARNST. Fam. Hainmoose (*Hylocomiaceae*) Laubmoos in ausgedehnten, dichten, meist etwas starren, hellgrünen Rasen. Stengel 10–15 cm lang, braunrot, büschelig, gabelig oder unregelmäßig verzweigt. Blätter breit-oval, 4–6 mm lang, mit kurzer Spitze, allseits struppig oder sparrig abstehend, flach, an den Spitzen meist nicht gerollt, längsfaltig. Kapseln selten. Verbreitet bis zerstreut an schattigen, zeitweise feuchten und kalkhaltigen Standorten, oft auch auf Waldböden (Eichen-Hainbuchenwald). Im Hochgebirge auch in Zwergstrauchheiden.

Pleurozium schreberi (WILLD.) MITTEN. Fam. Zwischenzahnmoose (*Entodontaceae*) Laubmoos mit liegenden oder aufsteigenden, steifen, rötlich-braunen Stengeln, etwa 6–10 mm lang, ziemlich unregelmäßig fiederförmig verzweigt. Enden spitz, oft gekrümmt und aus der Verzweigungsebene gebogen. Pflanzen in dichten, etwas glänzenden Rasen. Blätter dachziegelartig anliegend, 2–3 mm lang, breit-oval, mit abgerundeter Spitze, konkav. Selten mit Kapseln. Ziemlich häufig und weitverbreitet in Nadelforsten, in Laubmischwäldern und Heiden. Auch an länger austrocknenden Standorten.

Sphagnum rubellum

Sphagnum auriculatum

Sphagnum inundatum

Sphagnum rubellum WILS. Fam. Torfmoose (*Sphagnaceae*) Torfmoos mit aufrechten, bis 15 cm langen Stengeln, in weichen, aber etwas zähen und meist dicht geschlossenen Polstern. Pflanzen gewöhnlich gleichmäßig hell- bis dunkelrot gefärbt oder auch grünlich und rosa überlaufen. Seitenäste kurz, mit stumpfen Enden. Blätter an den Ästen klein. Wie alle Torfmoose nur anhand mikroskopischer Merkmale zuverlässig bestimmbar. An lichten und etwas trockeneren Stellen in Hoch- und Zwischenmooren. Zerstreut bis selten.

Sphagnum auriculatum SCHIMP. Fam. Torfmoose (*Sphagnaceae*) Torfmoos mit kräftigen, fast ein wenig derben Stengeln bis 20 cm Höhe in meist großen, ausgedehnten, dichten Rasen von sattgrüner, gelbbrauner oder rötlichbrauner Färbung. Stengel dunkelbraun bis schwärzlich, mit langen, zugespitzten, oft auch zurückgebogenen Seitenästen. Zerstreut in kalkarmen Heidemooren, Wald- und Quellsümpfen, oft auch in Ufernähe von Moortümpeln und dort sogar unter Wasser. Nicht in Hochmooren.

Sphagnum inundatum RUSS. Fam. Torfmoose (*Sphagnaceae*) Torfmoos in meist dichten, großflächig ausgedehnten Beständen. Stengel bis 20 cm lang, braun, der vorigen Art ziemlich ähnlich, aber schlanker. Nur anhand mikroskopischer Merkmale mit einiger Sicherheit zu bestimmen. Bei der Abbildung oben rechts sind die schopfig gedrängten, recht kurzen Seitenästchen am oberen Stengelende gut zu erkennen. Sie sind für alle Arten der Gattung *Sphagnum* sehr typisch. Zerstreut in Waldmooren, an Gräben, in Naßwiesen und Flachmooren.

Sphagnum palustre

Sphagnum papillosum

Sphagnum palustre L. Fam. Torfmoose (*Sphagnaceae*) Torfmoos in schwammig-weichen, meist blaßgrünen und nur seltener bräunlich überlaufenen Rasen. Stengel kräftig, dick, 10–25 cm lang, am oberen Ende schopfig, im unteren Bereich quirlig verzweigt. Seitenästchen spitz zulaufend. Blätter dachziegelig oder wenig abstehend, breit-oval, stumpf-spitzig. Kapseln gewöhnlich nur im Sommer, kugelig-schwarzbraun. Häufigste der einheimischen Torfmoosarten auf Rohhumus in vernäßten Fichtenforsten, in Mooren und Bruchwäldern.

Sphagnum papillosum LINDB. Fam. Torfmoose (*Sphagnaceae*) Torfmoos in kräftigen, sattgrünen, gelben oder bräunlich überlaufenen, meist ziemlich dichten Rasen. Stengel dunkelbraun, bis 25 cm lang. Stengelblätter verkehrt-eiförmig. Blätter an den Ästchen länglich-oval, meist etwas abstehend. Nur anhand mikroskopischer Merkmale sicher zu bestimmen. Zerstreut in Zwischen- und Hochmooren, Feuchtheiden und Heidemooren. Wie andere Arten durch Zerstörung der Feuchtbiotope gefährdet.

Sphagnum magellanicum BRID. Fam. Torfmoose (*Sphagnaceae*) Torfmoos in dichten, oft rot oder schmutzig dunkelrot überlaufenen Polstern, im Aussehen *Sphagnum palustre* und *Sphagnum papillosum* recht ähnlich und mit diesen beiden Arten gelegentlich auch zusammen vorkommend. Zuverlässig nur mit Hilfe mikroskopischer Merkmale des Blattaufbaus bestimmbar. Nordisch verbreitetes Torfmoos. Ziemlich zerstreut in vernäßten Heidemooren, in Hoch- und Zwischenmooren. Durch Trockenlegung von Mooren und Feuchtbiotopen stark gefährdet.

Sphagnum cuspidatum

Sphagnum plumulosum

Sphagnum cuspidatum HOFFM. Fam. Torfmoose (*Sphagnaceae*) Torfmoos in sehr lockeren, weichen, grünen oder gelbgrünen, oft flutenden oder untergetauchten Rasen. Stengel bis 10 cm lang, am oberen Ende schopfig, am unteren unregelmäßig verzweigt. Ästchen kurz und sehr schlaff, daher meist pinselartig zusammengeschlossen. Stengel grün. Ästchenblätter schmal-lanzettlich, trocken wellig. Zerstreut an sonnigen, sehr nassen, immer kalkfreien Standorten, in Torfmoorschlenken und Moortümpeln. Durch Entwässerung sehr zurückgegangen.

Sphagnum plumulosum ROELL. Fam. Torfmoose (*Sphagnaceae*) Torfmoos in dichten, schwammigen, weichen Rasen, oft nur an den endständigen Astschöpfen gras- oder hellgrün und unterwärts rostrot bis bräunlich, mitunter aber auch die gesamte Pflanze rötlich-bräunlich überlaufen. Stengel rot, bis 20 cm lang. Trockene Blätter mit eigenartig metallischem Glanz. Seitenästchen spitz zulaufend. Astblätter dreieckig. Kapseln meist selten. Zerstreut bis selten in Heide- und Waldmooren oder an nassen, lichten Felsen. Im Bestand gefährdet.

Sphagnum compactum DC. Fam. Torfmoose (*Sphagnaceae*) Torfmoos in lockeren, weichen, schwammigen und oft weit ausgedehnten Rasen von gelblich-brauner oder bräunlich-grüner Färbung. Stengel bis 10 cm hoch, sehr dicht verzweigt. Seitenästchen auffallend kurz und dicklich, im oberen Stengelbereich aufwärts gekrümmt. Astblätter anliegend oder mit abstehender Spitze, um 2 mm lang, oval, mit gestutzter Spitze. Stengelblätter um 1 mm lang, dreieckig, konkav. Zerstreut bis selten in Heidemooren, Feuchtheiden, an Torfstichen, gelegentlich auch an begangenen Stellen und Brandstellen.

Brunnenlebermoos *Marchantia polymorpha*

Conocephalum conicum

Lunularia cruciata

Brunnenlebermoos *Marchantia polymorpha* L. EM. BURGEFF. Fam. Brunnenlebermoose (*Marchantiaceae*) Zweihäusiges, thallöses Lebermoos mit lappigem, grünglänzendem Lager. Oft in dichten Überzügen. Lappen 1 – 2 cm breit, 5 – 20 cm lang, gabelig verzweigt, am Rande gewellt, gefeldert, oberseits immer mit Brutbechern. Männliche Antheridienträger gestielt, flachschildförmig, weibliche (Bild links) fransig-sternförmig. Unterseits mit 5 Reihen Bauchschuppen. Verbreitet an Ruderalstellen, Ufern, Brandplätzen. Auch im Siedlungsbereich. Unempfindlich gegen Luftverschmutzung.

Conocephalum conicum (L.) LINDB. Fam. Kegelkopfmoose (*Conocephalaceae*) Zweihäusiges, thallöses Lebermoos mit flachem, liegendem Lager, etwa 1 cm breit und bis 15 cm lang, am Rande undeutlich gewellt, gabelig verzweigt, oberseits mit deutlichem Netzmuster, in jeder Netzmasche eine deutliche Pore. Weibliche Archegonienträger gestielt; Antheridienstände scheibenförmig, an den Lagerrändern. Zerstreut bis selten an lichten bis tiefschattigen Standorten. In Kalkgebieten an Bächen, Mauern und Felsen.

Lunularia cruciata (L.) DUM. Fam. Mondlebermoose (*Lunulariaceae*) Zweihäusiges, thallöses Lebermoos mit 0,5 – 1 cm breiten und bis 3 cm langen Lappen. Oft in dichten Beständen. Brutbecher zur vegetativen Vermehrung auf der Oberseite, von halbmondförmigem Rand umgeben. Unterseits nur mit einer Reihe Bauchschuppen. Im Gebiet nur weibliche Pflanzen. Ursprünglich nur im Mittelmeerraum, jedoch schon seit längerem mit Blumenerde verschleppt. Häufig in Gärtnereien, auf Friedhöfen, in Parkanlagen, an Brunnen, Ufern von Fließgewässern und ruderalen Plätzen.

Preissia quadrata

Aneura pinguis

Preissia quadrata (SCOP.) NEES. Fam. Brunnenlebermoose (*Marchantiaceae*) Meist zweihäusiges, thallöses Lebermoos mit hellgrünem, bandartigem Lager, 0,5 – 1 cm breit und bis 3 cm lang, oft auch von quadratischem Umriß. Lappenspitzen tief ausgerandet bis gabelig-lappig. Thallusränder oft bräunlich oder rötlich. Oberseite nur mit feinem Netzmuster. Weibliche Archegonienträger bis 5 cm hoch, halbkugelig (Bild unten). Männliche Antheridienträger kürzer gestielt. Immer an kalkreichen Standorten. In Wiesenmooren, an Kalkgestein und auf Mauermörtel. Sehr zerstreut.

Aneura pinguis (L.) DUM. Fam. Ohnnervmoose (*Aneuraceae*) Zweihäusiges, thallöses Lebermoos mit liegendem, bandartig-flachem Lager. Lappen etwa 0,5 cm breit und 2 – 3 cm lang, am Rande unregelmäßig wellig oder umgeschlagen. Oberseite ohne Netzmuster; gabelig verzweigt; Verzweigungen oft rechtwinklig abstehend. Antheridienstände an kurzen Seitenästen. Archegonien auf langgestielten Trägern. Kapsel öffnet sich mit Klappen. Zerstreut bis selten in Quellmooren und an nassen Felsen in Rieselfluren.

Riccia glauca L. Fam. Sternlebermoose (*Ricciaceae*) Einhäusiges thallöses Lebermoos mit rundlichem, einfach oder doppelt gabelteiligem, sternförmig gelapptem Lager von hell blaugrauer Färbung. Lappen 1 – 3 mm breit. Lager insgesamt 1 – 4 cm Durchmesser, an den Enden keilförmig ausgerandet, flach rinnig. Unterseits mit hinfälligen Bauchschuppen. Einzeln oder in dichteren Beständen an halbschattigen oder vernäßten Standorten, auf Herbstäckern, an nassen Wegen, an Teichrändern und an Böschungen. Zerstreut.

Pellia epiphylla

Tritomaria quinquedentata

Pellia epiphylla (L.) CORDA EX OPIZ Fam. Bekkenmoose (*Pelliaceae*) Einhäusiges, thallöses Lebermoos mit unregelmäßig gabelteiligen, flachen, band- bis blattförmigen Lappen um 1 cm breit und bis 3 cm lang, ganzrandig, leicht gewellt, an den Enden etwas aufsteigend. Meist in dichten Beständen (Bild oben). Antheridienstände als dunkle Buckel, Archegonien langgestielt. Kalkfliehende Art an Bachufern und in Quellfluren. Ähnlich:
Pellia endiviifolia (DICKS.) DUM. Mit welligkrausen, unregelmäßig gestalteten Lagerrändern. An ähnlichen Standorten.

Tritomaria quinquedentata (HUDS.) BUCH. Fam. Spitzmoose (*Lophoziaceae*) Zweihäusiges, beblättertes Lebermoos mit liegenden, kriechenden, bleichgrünen Stengeln, etwa 2 – 4 cm lang und um 3 mm breit. Blätter zweizeilig, unsymmetrisch in drei zugespitzte Lappen geteilt, von denen der rückwärtige der größte ist. Meist auf Silikatgestein an halbschattigen, feuchten Lagen. Zerstreut bis selten. Arktisch-alpine Art.

Lepidozia reptans (L.) DUM. Fam. Schuppenzweigmoose (*Lepidoziaceae*) Einhäusiges, beblättertes Lebermoos mit liegenden Stengeln, 1 – 3 cm lang. Meist in ausgedehnten, flachen, hell- bis braungrünen Rasen. Einfach oder doppelt gefiedert. Ästchen zweizeilig. Blätter ebenfalls zweizeilig, sehr entfernt stehend, in 3 – 4 spitze, nach unten gebogene Lappen eingeteilt. Zerstreut auf morschem Holz und Rohhumus oder an Baumwurzeln. Auch in Laubmoosrasen.

Nardia scalaris

Marsupella emarginata

Plagiochila asplenioides

Nardia scalaris S. GRAY Fam. Jungermannmoose (*Jungermanniaceae*) Beblättertes Lebermoos in meist ausgedehnten, dichten, starren, sattgrünen oder bräunlich überlaufenen Rasen. Stengel liegend oder aufsteigend, 1 – 3 cm lang, wenig verzweigt. Blätter zweizeilig, ziemlich dicht, fast quer stehend, breit-elliptisch bis annähernd kreisrund, ganzrandig, 1 – 1,5 mm breit, löffelförmig, sonst glatt. Kapseln kugelig, in Hüllblätter eingesenkt. An Böschungen, Wegen, auf Silikatgestein oder Mineralböden. Vor allem im Bergland zerstreut bis verbreitet.

Marsupella emarginata (EHRH.) DUM. Fam. Geldbeutelmoose (*Marsupellaceae*) Zweihäusiges, beblättertes Lebermoos in ausgedehnten, lockeren, weichen Rasen. Pflanzen meist rötlichbraun bis schwarzbraun gefärbt. Stengel kriechend, liegend, nur wenig aufgerichtet, wenig verzweigt, 1 – 4 cm lang, um 2 mm breit. Blätter zweizeilig, kreisrund bis oval, in zwei Spitzen ausgezogen. Blattfolge oberschlächtig: Bei Aufsicht greift der Vorderrand eines Blattes über den Hinterrand des spitzenwärts folgenden. An nassen Bachsteinen und kalkfreien Felsen. Zerstreut bis selten.

Plagiochila asplenioides (L. EM. TAYL.) DUM. Fam. Geldbeutelmoose (*Marsupellaceae*) Beblättertes Lebermoos in lockeren, weichen, dunkel- bis gelbgrünen Polstern. Stengel reich verzweigt, liegend bis aufsteigend, 5 – 20 cm lang. Ästchen aufsteigend. Blätter zweizeilig, schräg gestellt. Blattfolge unterschlächtig: Bei Aufsicht ist der von der Stengelspitze abgekehrte hintere Blattrand sichtbar. Zerstreut an erdigen Böschungen, auf Waldböden, seltener auch an feuchtem Gestein. Empfindlich gegen SO_2-Belastung der Luft.

Lophocolea bidentata

Lophocolea heterophylla

Lophocolea bidentata (L.) DUM. Fam. Kammkelchmoose (*Lophocoleaceae*) Zweihäusiges, beblättertes Lebermoos in dichten, sattgrünen, oft ausgedehnten Rasen. Stengel liegend, wenig verzweigt, 2 – 5 cm lang und um 3 mm breit. Blätter zweizeilig, mit der breitesten Seite dem Stengel ansitzend, scharf zweispitzig; Blattecken mit halbmondförmiger Bucht. Verbreitet bis häufig an dauerfeuchten bis nassen Standorten zwischen Gras und anderen Moosen. Oft auch an ruderal beeinflußten Standorten.

Lophocolea heterophylla (SCHRAD.) DUM. Fam. Kammkelchmoose (*Lophocoleaceae*) Beblättertes Laubmoos in flachen, gelb- bis dunkelgrünen Rasen, die häufig dichte Überzüge bilden. Stengel liegend, der Unterlage angepreßt, 2 – 10 cm lang, wenig oder unregelmäßig gabelig verzweigt. Blätter zweizeilig, fast rechteckig, am unteren Stengelteil tief ausgerandet mit zwei spitzen Ecken, oberwärts nur noch seicht gebuchtet. Blattfolge unterschlächtig. Eine der häufigsten einheimischen Lebermoos-Arten an Baumwurzeln, Borke, Gestein oder auf Rohhumus.

Lophozia ventricosa (DICKS.) DUM. Fam. Spitzmoose (*Lophoziaceae*) Beblättertes, dichtrasiges Lebermoos. Stengel liegend oder nur wenig aufsteigend, etwa 1 – 3 cm lang und um 2 mm breit. Blätter dicht stehend, flach-buchtig in zwei Lappen geteilt. Blattfolge unterschlächtig. Auf den Blättern an den Stengelenden häufig mit Büscheln hellgrüner Brutknospen. Kalkfliehendes Moos auf Gestein, an Böschungen oder auf morschem Holz an halbschattigen, feuchten Standorten. Zerstreut bis verbreitet.

Cephalozia bicuspidata (L.) DUM. Fam. Kopfsproßmoose (*Cephaloziaceae*) Zweihäusiges, beblättertes Lebermoos in dichten, hellgrünen Rasen. Stengel 0,5–2 cm lang und um 1 mm breit, unregelmäßig verzweigt. Blätter zweizeilig, am Stengel schräg angewachsen, bis über die Blattmitte spitzwinklig eingeschnitten. Blattfolge oberschlächtig. Kapseln in einer weißlichen, röhrigen Hülle. An feuchten, schattigen Standorten, an Wegen, Böschungen, morschem Holz und auf Waldböden. Verbreitet bis häufig, vor allem im Bergland.

Scapania nemorea (L.) GROLLE. Fam. Spatenmoose (*Scapaniaceae*) Beblättertes Lebermoos in dichten, gelb- bis hellgrünen Rasen. Stengel aufsteigend bis aufrecht, 1–8 cm lang, wenig verzweigt. Blätter zweizeilig angeordnet, etwa 2 mm lang, sehr tief in zwei aufeinandergeklappte Lappen geteilt; Unterlappen größer und rechteckig gerundet, Oberlappen nur halb so groß und über den Stengel greifend. Schwieriger Formenkreis. Zerstreut bis verbreitet auf morschem Holz, auf Erde und Rohhumus.

Pleurozia purpurea LINDB. Fam. Spatenmoose (*Scapaniaceae*) Beblättertes Laubmoos in ausgedehnten, flachen Rasen, meist purpurrot bis bräunlich gefärbt. Stengel bis über 10 cm lang, wenig verzweigt, liegend. Blätter zweireihig, in zwei ungleich große Lappen geteilt; Oberlappen löffelförmig, gezähnt, Unterlappen kapuzenförmig. Ziemlich selten an dauerfeuchten Standorten, vor allem in Mooren und an nassen Felsen. Nordisch verbreitete Art.

Porella platyphylla (L.) PFEIFFER. Fam. Kahlfruchtmoose (*Madothecaceae*) Beblättertes Laubmoos in oft dichten Rasen von gelbbrauner bis schwarzgrüner Färbung. Stengel kriechend oder hängend, 5–8 cm lang, ziemlich locker und regelmäßig 2- bis 3fach gefiedert. Blätter zweizeilig, dicht, fast längs gestellt, in zwei aufeinandergeklappte Lappen gespalten. Oberlappen größer, unterer Lappen etwas gerollt. Zerstreut bis verbreitet an Gestein, auf Borke oder Erde, auch an langzeitig austrocknenden Stellen.

Frullania dilatata (L.) DUM. Fam. Sackmoose (*Frullaniaceae*) Beblättertes Lebermoos in lockeren, braungrünen bis olivgrünen Rasen. Stengel alternierend fiederförmig verzweigt, Verzweigungen entfernt, der Unterlage dicht anliegend. Blätter zweizeilig, mit größerem, rundlichem Lappen und einem kleineren, helmförmigen Lappen auf der Unterseite, der als Wassersack angelegt ist. Zerstreut bis selten. Empfindlich gegen Luftverschmutzung. Stark zurückgegangen.

Frullania tamarisci (L.) DUM. Fam. Sackmoose (*Frullaniaceae*) Beblättertes Lebermoos in etwas starren, lückigen, meist rotbraunen bis rotschwärzlichen Rasen von eigenartig metallischem Glanz. Stengel liegend oder aufsteigend, 2–5 cm lang, einfach bis doppelt gefiedert. Blätter dicht zweizeilig, längs gestellt, in zwei aufeinandergeklappte Lappen geteilt. Oberlappen rundlich-elliptisch, zugespitzt, an der Spitze umgebogen; Unterlappen zu einem krugförmigen Wassersack ausgestaltet. Selten bis zerstreut an nebelfeuchten, halbschattigen Standorten auf kalkfreier Unterlage, an Felsen oder an Bäumen.

Lepraria incana (L.) ACH. Fam. Staubflechten (*Lepariaceae*) Sehr dünne, pulverig bis körnig aufgelöste Überzüge oder große Flecken auf Baumrinde, Steinen und Böden, meist an schattigen oder halbschattigen Stellen, die auch vom Niederschlag nicht direkt betroffen werden. Fruchtkörper fehlen. Genauere Umgrenzung der Verwandtschaftsverhältnisse daher sehr erschwert: Flechten dieses Typs werden in einer künstlichen Sammelgattung zusammengefaßt. Sehr häufig und weit verbreitet.

Verrucaria maura WAHLENB. EX ACH. Fam. Warzenflechten (*Verrucariaceae*) Krustenflechte mit sehr großen, dünnen Lagern mit feinen Rissen. Tiefschwarz, kann auf den ersten Blick mit Teerflecken verwechselt werden. Typische salzresistente Meeresflechte im Bereich der Hochwassermarke (Flutlinie), an allen atlantischen Küsten, aber nur auf Hartgestein. Die Aufnahme zeigt außerdem die gelbe Krustenflechte *Caloplaca thallincola* (vgl. S. 170).

Pyrenula nitida (WEIGEL) ACH. Fam. Kernflechten (*Pyrenulaceae*) Krustenflechte mit glattem, wachsigem Lager von trocken olivgrünlicher oder grauer und feucht bräunlicher Färbung. Benachbarte Lager grenzen sich mit dunklen, welligen Linien gegeneinander ab. Fruchtkörper klein, um 1 mm breit, schwärzlich, in einem Gehäuse eingeschlossen (Perithecien). Vor allem auf glattrindigen Bäumen (Hainbuche, Hasel u. a.). Weit verbreitet. Formenreich.

Enterographa crassa (DC.) FÉE. Fam. Schriftflechten (*Graphidaceae*) Krustenflechte mit glatten, dicklichen, grünlich-grauen bis grünlich-gelben Lagern, mit dichtem, dunklerem Netzwerk überzogen, das wie die Grenzmarken einer Landkarte aussieht. Sporen in kurzen, fast punktförmigen oder länglichen, oft auch verdickten Apothecien in der Nähe der Linien. Vor allem in Westeuropa auf der Rinde schattig stehender Laubbäume.

Graphis scripta (L.) ACH. Fam. Schriftflechten (*Graphidaceae*) Krustenflechte mit glattem, sehr dünnem, meist unter der Rinde eingesenktem, weißlich-grauem Lager. Apothecien sehr vielgestaltig, einfach oder geteilt, parallel oder zerstreut, häufig von der Form von Schriftzeichen. Weit verbreitet auf der Rinde von Laubbäumen. Ähnlich:
Graphis elegans (SM.) ACH. Apothecien ebenfalls in dunklen Linien, aber mit deutlich gefurchten Rändern.

Opegrapha atra PERS. Fam. Schriftflechten (*Graphidaceae*) Krustenflechte von wenig festgelegter Form mit sehr dünnem, in kleine Flekken aufgelöstem Lager, graugrün oder bleichgrau. Umfangreiche, aber nur an mikroskopischen Merkmalen genauer bestimmbare Flechtengattung. Apothecien meist schwarz, kurz oder länglich, gekrümmt, verästelt oder weit geschwungen, überwiegend in der Lagermitte. Auf Laubbaumrinden, überwiegend an alten Bäumen. Weit verbreitet.

Baeomyces rufus (HUDS.) DC. Fam. Schriftflechten (*Graphidaceae*) Krustenflechte mit flachem, oft körnigem Lager von grau-grünlicher Färbung, früher in die Verwandtschaft der Rentierflechten (s. d.) gestellt. Apothecien deutlich gestielt, kreiselförmig, etwas hochgewölbt, rötlich-braun, vom Aussehen kleiner Pilze. Typische Erdflechte. Meist an schattigen Standorten an Grabenrändern oder auf Erdwällen. Ähnlich: ***Baeomyces roseus*** PERS. Lager weißlich bis rosa, Apothecien rosenrot, kugelig, Auf ausgelaugten Heide- und Sandböden.

Icmadophila ericetorum (L.) ZAHLBR. Fam. Kuchenflechten (*Lecanoraceae*) Krustenflechte mit ausgedehntem, einförmigem, weichem, körnig oder stachelig aufgelöstem Lager von weißlich-grauer Färbung in Flecken bis 5 cm Durchmesser. Apothecien sitzend, fleischfarben rötlich oder hellrosa, anfangs umrandet, bis etwa 4 mm breit. Flechte auf sehr sauren Unterlagen, besonders auf Nadelholzstubben oder morschem Holz. Vor allem im Gebirge.

Placynthium nigrum (HUDS.) S. GRAY Fam. Schuppenflechten (*Lichinaceae*) Krustenflechte mit körnigem, deutlich kleinschuppigem Lager in zum Teil großen, rosettig-rundlichen oder unregelmäßigen Flecken, meist von einem blauschwarzen Vorlager umsäumt. Blaualgenflechte, Apothecien schwarz, lagerfarben. Gewöhnlich auf Kalkgestein an Mauern oder Felsen. Zerstreut bis verbreitet. Empfindlich gegen Luftverschmutzung, daher nie im Umkreis der Städte.

Rhizocarpon geographicum (L.) DC. Fam. Napfflechten (*Lecideaceae*) Krustenflechte mit deutlich rissigem, eckig gefeldertem Lager in ausgedehnten, fleckigen Überzügen. Hellgelb bis grünlich-gelb, mit schwarzem Vorlager, das zwischen den einzelnen Feldern und am Rand sichtbar wird. Apothecien schwarz, in das Lager eingesenkt. Benachbarte Lager grenzen sich gegenseitig ab. Weit verbreitet und recht häufig auf meist kalkfreiem Hartgestein. Formenreich.

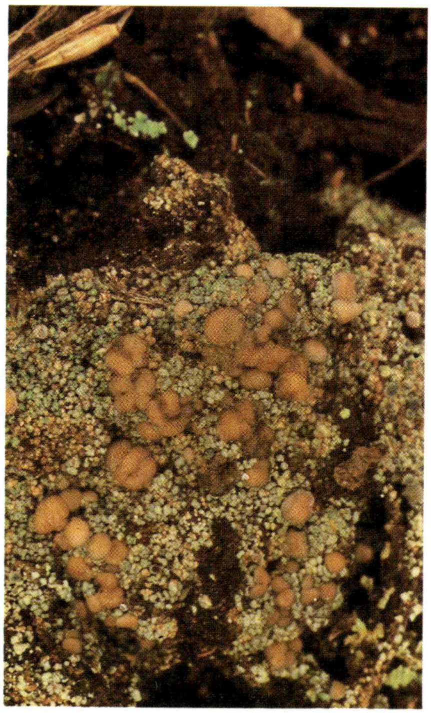

Lecidea granulosa (HOFFM.) ACH. Fam. Napfflechten (*Lecideaceae*) Krustenflechte mit weißgrauem, körnig-warzigem Lager in oft großen Flecken bis 10 cm Durchmesser. Auf dem Lager manchmal puderig gelbbraune oder gelbgraue Flächensoralen, die Verbreitungseinheiten zur vegetativen Vermehrung abgeben. Apothecienrand von der Farbe der Fruchtkörperscheibe, nicht lagerfarben (Gattungsmerkmal). Weit verbreitet auf morschem Holz oder auf Heideböden. Vor allem im Nordwesten.

Lecidea limitata (SCOP.) S. GRAY. Fam. Napfflechten (*Lecideaceae*) Krustenflechte mit dünnem, graugrünem bis weißlich-gelbem Lager, gewöhnlich von einem deutilchen, dunklen, gewellten Rand umgeben und abgegrenzt. Apothecien schwarz, unregelmäßig über die Kruste verteilt. Verbreitet an glatten Baumrinden oder auf geschnittenem, verbautem Holz. Sehr empfindlich gegen SO_2-Belastung der Luft.

Lecidea lucida (ACH.) ACH. Fam. Napfflechten (*Lecideaceae*) Krustenflechte mit lebhaft zitronen- oder schwefelgelbem, sehr auffälligem Lager mit wenig körniger Oberfläche. Apothecien ziemlich selten, von der gleichen Farbe wie das Lager und daher meist leicht übersehen. Ziemlich seltene Art auf Holz, häufiger an Felsen und Mauerwerk an schattigen Stellen.

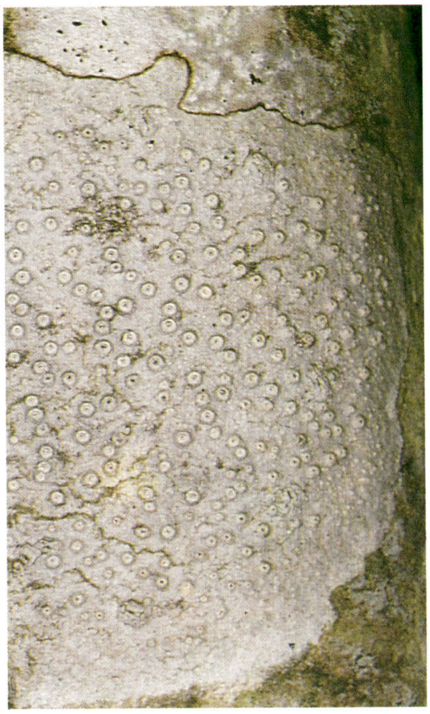

Thelotrema lepadinum (ACH.) ACH. Fam. Pustelflechten (*Thelotremataceae*) Krustenflechte mit einförmigem, recht dickem, glattem bis warzig-runzligem Lager, gelblich-weiß bis grau, oft als ausgedehnter Überzug entwickelt. Apothecien in das Lager eingesenkt, zerstreut, aber meist zahlreich vorhanden, um 1 mm breit. Seltene bis zerstreut vorkommende Art an luftfeuchten Standorten, vorwiegend an glattrindigen Laubhölzern und an Tanne.

Pertusaria amara (ACH.) NYL. Fam. Lochflechten (*Pertusariaceae*) Krustenflechte mit zusammenhängendem oder rissig-gefeldertem Lager, von sehr bitterem Geschmack. Meist mit weißlichen Flächensoralen. Nur selten eingesenkte, rundliche Apothecien vorhanden. Diese Art gehört zu einer außerordentlich formenreichen und schwer zu bestimmenden Gruppe. Weit verbreitet bis häufig auf Rinden von Laubbäumen und an verbautem Holz.

Pertusaria corallina (L.) ARNOLD. Fam. Lochflechten (*Pertusariaceae*) Krustenflechte mit dikkem, grauem, häufig von einem weißlich-hellen Rand umsäumten Lager. Lageroberfläche warzig-körnig rauh mit verzweigten, korallenartigen Isidien zur vegetativen Vermehrung. Apothecien ziemlich selten. Weit verbreitet und oft häufig an Felsen oder Blöcken. Immer auf kalkfreier Unterlage. Formenreich. Besonders im Bergland anzutreffen.

Pertusaria pertusa (L.) TUCK. Fam. Lochflechten (*Pertusariaceae*) Krustenflechte mit graugrünlichem, meist hellgrauem, runzlig bis unregelmäßig rissigem Lager von rundlichem Umriß. Apothecien in die Kruste eingesenkt, meist zu 2–3 nebeneinander, warzig aufgewölbt, um 2 mm breit. Sehr formenreich. Auf Rinde von Laubbäumen in Mitteleuropa weit verbreitet. Von der Ebene bis ins Hochgebirge.

Ochrolechia tartarea (L.) MASSAL. Fam. Napfflechten (*Lecideaceae*) Krustenflechte mit meist sehr dickem (bis 3 mm und mehr) und warzig-knolligem, gefeldertem, weißlich-grauem Lager. Apothecien 2–7 mm breit, dick berandet, mit fleischfarben-bräunlicher Scheibe. Meist dicht und gedrängt aufsitzend, Atlantisch verbreitete Art. Vor allem in Westeuropa auf kalkfreiem Gestein, seltener auf anderen Unterlagen. Zeitweise zur Gewinnung roter Farbstoffe gesammelt und verarbeitet.

Ochrolechia parella (L.) MASSAL. Fam. Napfflechte (*Lecideaceae*) Krustenflechte in ausgedehnten, warzig-gefelderten, grau-weißlichen Lagern, im Aussehen insgesamt etwas glatter als die vorige Art. Apothecien meist etwas eckig, um 2 mm breit, dick berandet, selten leicht rosa, meist grau und etwas bereift, ziemlich dicht stehend. Zeitweise wie die verwandten Arten zur Gewinnung von Farbstoffen (rot-orange Töne) gesammelt und verarbeitet. Heute weitgehend ohne technische Bedeutung. Vom südlichen Skandinavien bis ins Mittelmeergebiet. Besonders häufig an Küstenfelsen über der Spritzwasserzone.

Ochrolechia parella

Lecanora atra (HUDS.) ARCH. Fam. Kuchenflechten (*Lecanoraceae*) Krustenflechte mit glattem oder warzig-kleinschuppigem, etwas gefeldertem Lager von hell- bis mittelgrauer Färbung. Apothecien mit dickem, lagerfarbenem Rand (Gattungsmerkmal, vgl. Lecidea), besonders in der Lagermitte; Scheibe schwarz, etwas schüsselförmig eingetieft, um 3 mm breit. Weit verbreitete und recht häufige Flechte auf Silikatgestein von den Küstengebieten bis ins Hochgebirge.

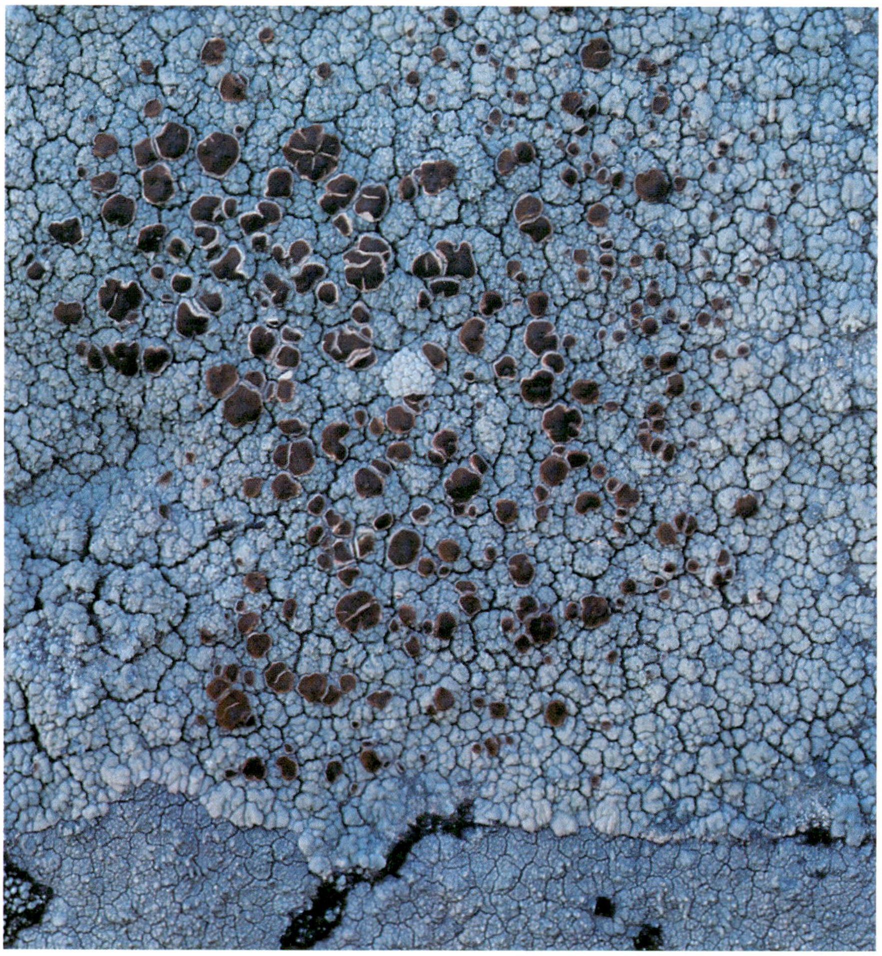

Haematomma ventosum

Haematomma ventosum (L.) MASSAL. Fam. Kuchenflechten (*Lecanoraceae*) Krustenflechte mit meist dickem, warzigem oder rissig gefeldertem Lager von blaßgrünlicher bis hellgrauer Färbung, oft ausgedehnte Überzüge bildend. Apothecien sehr auffällig blutrot, hellumrandet. zerstreut, aber besonders in der Lagermitte angeordnet. Arktisch-alpine Art. Nur in den höchsten Mittelgebirgslagen und in den Alpen oberhalb der Waldgrenze an exponierten, kalkfreien Felsen. Mitunter massenhaft.

Lecanora calcarea (L.) SOMMERF. Fam. Kuchenflechten (*Lecanoraceae*) Krustenflechte mit flachem, hellgrauem bis weißlichem Lager von meist rundlich-rosettigem Umriß, zum Rand hin meist heller gefärbt. Gegen andere Flechtenlager mit dunkler, deutlicher Linie abgegrenzt. Apothecien etwas in die Kruste eingesenkt, von unregelmäßiger Form, hellumrandet, mit schwarzer Scheibe. Weit verbreitet bis zerstreut. Nur auf Kalkgestein an Mauern, Felsen und Grabsteinen.

Lecanora calcarea

Lecanora conizaeoides NYL. EX CROMB. Fam. Kuchenflechten (*Lecanoraceae*) Krustenflechte mit graugrünem, dickem, körnig gefeldertem Lager in oft ausgedehnten, großflächigen Überzügen. Apothecien grünlich, mit dicken, graugrünen Rändern. An Bäumen, auf Holz und (seltener) an Mauern. Unempfindlich gegen SO_2-Belastung der Luft, daher besonders häufig (mit zunehmender Tendenz) in Städten und Industrieregionen. Hat viele andere Arten bereits verdrängt. Fehlt in unbelasteten Gebieten. Stellenweise sehr häufig.

Lecanora chlarotera

Lecanora chlarotera NYL. Fam. Kuchenflechten (*Lecanoraceae*) Krustenflechte mit dünnem, hellgrauem bis hellgrau-bräunlichem, kaum gefeldertem, wenig warzigem, glattem Lager. Apothecien dick umrandet mit hellbrauner oder braunroter Scheibe, um 2 mm breit. Nur in Gebieten ohne SO_2-Belastung der Luft an Bäumen. Häufigste der *Lecanora*-Arten mit braunen Apothecien. Weit verbreitet bis zerstreut.

Lecanora dispersa (PERS.) SOMMERF. Fam. Kuchenflechten (*Lecanoraceae*) Krustenflechte mit hellgrauem bis dunkler grauem, dünnem, sehr lückigem Lager. Apothecien sehr dicht gedrängt, rundlich oder unregelmäßig, 0,5–1 mm breit, dick weißlich berandet mit hellbrauner oder braunroter Scheibe. Eine der wenigen auch in Stadtzentren noch vorkommenden Krustenflechten. Meist auf kalkhaltiger Unterlage, auf Mauern, Asbestzement, Felsen. In Gebieten ohne SO_2-Belastung der Luft auch auf Holz. Ziemlich häufig und weit verbreitet.

Lecanora dispersa

Mycoblastus sanguinarius (L.) TH. FR. Fam. Kuchenflechten (*Lecanoraceae*) Krustenflechte mit dickem, grauem bis dunkelgrauem, knollig-warzigem Lager. Apothecien ohne dicken Rand, 1–2 mm breit, gewölbt, aufsitzend, schwärzlich. Nach Abreiben sieht man, daß die tieferen Thallusschichten unter den Apothecien von einem hellroten Farbstoff durchsetzt sind. Nur in den höchsten Mittelgebirgslagen, häufiger in Nord- und Nordwesteuropa. Dort sehr häufig auf Nadelholzrinde oder auf Birke.

Lecanora muralis

Lecanora muralis (SCHREB.) RABENH. Fam. Kuchenflechten (*Lecanoraceae*) Krustenflechte mit dünnem bis mäßig dickem, gelblich- oder grünlich-braunem, gefeldertem Lager von meist rundlichem Umriß, am Rande mit blättchenartigen, gabelteiligen Lappen. Apothecien gewöhnlich reichlich vorhanden, in dichten Gruppen in der Lagermitte, blaßbraun bis beigebraun, mit weißumsäumten, welligen Rändern. Sehr häufige, stickstoffliebende Flechte an Mauern, auf Asbestzement, Gehwegen und an Felsen. Formenreich.

Candelariella aurella (HOFFM.) ZAHLBR. Fam. Kuchenflechten (*Lecanoraceae*) Krustenflechte mit sehr kleinem, meist spärlich entwickeltem, körnigem, unzusammenhängendem Lager von gelber bis gelbgrauer Färbung. Apothecien meist reichlich, unter 1 mm breit. Ähnlich wie die folgende Art, jedoch kleiner und unscheinbarer. Die Abbildung zeigt das zerstreute Lager zusammen mit *Lecanora dispersa* (vgl. S. 169). Ziemlich häufig und weit verbreitet an Mauern und auf Felsen. Bevorzugt auf kalkhaltiger Unterlage.

Candelariella vitellina (HOFFM.) MÜLL. ARG. Fam. Kuchenflechten (*Lecanoraceae*) Krustenflechte mit dünnem, zerstreutem oder körnig-gedrängtem, dotter- bis senfgelbem Lager, mitunter auch etwas polsterförmig entwickelt. Apothecien dunkelgelb, deutlich umrandet. Pflanzen bilden oft ausgedehnte Bestände. Gewöhnlich auf kalkfreiem Gestein, auch auf Holz, Rinde, Eisen und anderen Unterlagen. Weit verbreitet und auch in städtischen Gebieten sehr häufig.

Caloplaca ferruginea (HUDS.) TH. FR. Fam. Schönflechten (*Caloplacaceae*) Krustenflechte mit dünnem, rissig gefeldertem, grauweißem Lager, ohne Farbwechsel im trockenen und feuchten Zustand. Apothecien etwa 1 mm breit, sehr dicht, rundlich oder verbogen, rostrot, mit sehr dünnem, vorspringendem Rand. Auf Laubbaumrinde (besonders Eberesche und Pappel), an Mauern und Silikatgestein. In Mitteleuropa sehr zerstreut. Im Küstenbereich häufiger.

Caloplaca heppiana (MÜLL.) ZAHLBR. Fam. Schönflechten (*Caloplacaceae*) Krustenflechte mit rosettig-rundlichem, gelb-orange gefärbtem Lager. Am Lagerrand rundliche, ziemlich schmale, bandförmige Lappen (Loben), die aufgewölbt und zum Rand hin etwas verbreitert sind. In der Lagermitte meist Apothecien mit blaß-orangegelbem Rand. Vor allem in Nord- und Westeuropa auf Kalkfelsen und Grabsteinen, weniger auf Mauerwerk. In Mitteleuropa sehr zerstreut.

Caloplaca marina (WEDD.) ZAHLBR. Fam. Schönflechten (*Caloplacaceae*) Krustenflechte mit rosettig-rundlichem oder nur undeutlich rosettigem Lager, meist etwas körnig-schuppig, dunkelorange bis rotorange gefärbt, oberseits warzig gefeldert. Loben am Rand undeutlich und unregelmäßig. Apothecien lagerfarben. meist reichlich vorhanden. Nur an Küstenfelsen im Bereich der Flutmarke, dort aber sehr häufig. Auf der Abbildung neben *Verrucaria maura* und *Lichina confinis*.

Caloplaca thallincola (WEDD.) DICK. Fam. Schönflechten (*Caloplacaceae*) Krustenflechte mit meist sehr großem, rosettigem, orange-gelbem Lager. Randlappen sehr schmal, tief geteilt, mit parallelen Rändern, nicht verbreitert oder verdickt, flach. Apothecien in der Thallusmitte, dunkel-orange, mit schmalerem, hellem Rand. Nur an den Felsen atlantischer Küsten oberhalb der Gezeitenmarke (Hochflutlinie) an offenen, exponierten Stellen. Verwechslung mit *Caloplaca marina* oder *Caloplaca heppiana* ist möglich.

Lecidea scalaris

Buellia canescens

Buellia canescens (DICKS.) DENOT. Fam. Scheibenflechten (*Buelliaceae*) Krustenflechte mit flachem, blaßgrauem bis graugrünem, in der Mitte etwas körnigem, meist rosettig-rundlichem Lager. Lagerrand mit dichtschließenden, langen, strahlig-faltigen, geteilten Lappen besetzt, die sich zu den Enden hin etwas erweitern. Apothecien schwarz, selten vorhanden. Vermehrung meist über Fleckensoralen. Nur in den atlantischen Gebieten Europas auf Gestein. Holz und Rinde an schattigen Stellen.

Solenopsora candicans (DICKS.) STEINER. Fam. Napfflechten (*Lecideaceae*) Krustenflechte mit weißlichem, kalkig-mehlig bereiftem, gewöhnlich rosettig-rundlichem Lager mit breiten, nach vorne keilförmig erweiterten Randlappen, die rissig aneinanderschließen. Apothecien selten, mit dickem, lagerfarbenem Rand und braunschwarzer Scheibe. Meist auf kalkhaltigem Gestein. Im Mittelmeergebiet und in trockenwarmen Kalkgebieten Mittel- und Westeuropas.

Lecidea scalaris ACH. Fam. Napfflechten (*Lecideaceae*) Krustenflechte mit rissig-schuppiger Oberfläche von grau- bis gelblichgrüner Färbung, im feuchten Zustand etwas dunkler. Schuppen bis 1 mm lang, mit aufgebogenen Rändern, unterseits mit pulverigen Soralen zur vegetativen Vermehrung. Apothecien nur gelegentlich, dunkel blaugrün bis schwarz, unter 1 mm breit. Meist auf Holz oder Rinde, vorzugsweise auf Kiefer und Lärche. Von Skandinavien bis in den Mittelmeerraum verbreitet. Meist am Grund der Stämme.

Xanthoria parietina

Xanthoria parietina (L.) TH. FR. Fam. Gelbflechten (*Teloschistaceae*) Blattflechte (Laubflechte) mit flachem, gelb bis orangegelb gefärbtem Lager in rundlichen, rosettigen Flecken. Randlappen lang, am Ende breit abgerundet, runzlig, etwas aufwärts gekrümmt. Apothecien meist reichlich vorhanden, mit krausem Rand und dunkelgelber Scheibe. Kann leicht von der Unterlage abgelöst werden (Unterschied zu *Caloplaca*-Arten). Weit verbreitet auf Holz, an Mauern, auf Dächern und Felsen, besonders an Stellen mit guter Stickstoffversorgung. Auffallend im Küstenbereich. Fehlt im Hochgebirge.

Xanthoria aureola (ACH.) ERICHS. Fam. Gelbflechten (*Teloschistaceae*) Blattflechte mit orangerotem bis bräunlich-rotem Lager, sehr uneben mit kleinen Blasen und Warzen oder kurzen, krausen Loben, im Inneren fein zerteilt. Apothecien etwas spärlicher als bei der vorigen Art. Von Südskandinavien bis ins Mittelmeergebiet vor allem im Küstenbereich weit verbreitet. Sehr stickstoffliebend. Gern auf kalkhaltigen Unterlagen.

Xanthoria aureola

Normandina pulchella (BORR.) NYL. Fam. Lederflechten (*Dermatocarpaceae*) Blattflechte mit sehr kleinblättrigem, schuppigem Lager. Schuppen muschelig oder ohrförmig, hell-graugrün bis grauweißlich, 1 – 2 mm breit, mit runden, aufgebogenen Rändern. Perithecien nur sehr selten. An luftfeuchten Standorten auf anderen Flechten (z. B. *Parmelia*), Moosen (vor allem *Frullania*), seltener auf Rinde oder Gestein.

Squamaria crassa

Squamaria crassa (HUDS.) POELT. Fam. Lederflechten (*Dermatocarpaceae*) Blattflechte mit hell grünlich-braunem bis braun-oliv gefärbtem, oft stark bereiftem Lager. Loben breit-schuppig, dachziegelartig übereinandergreifend. Unterseits dunkelbraun. Apothecien bis 2 mm Breite, hellbraun oder dunkel rötlich-braun. Mediterran-submediterran verbreitete Flechte an Kalkgestein. In Mitteleuropa ziemlich zerstreut. Meist in Küstennähe.

Physcia ascendens BITT. Fam. Schwielenflechten (*Physciaceae*) Blattflechte mit hellgrauem, selten über 2 cm breitem, aber meist rasig gehäuftem Lager. Loben sehr schmal, nie breiter als 1 mm, an den Enden aufgebogen und etwas helmförmig gewölbt, mit langen Randwimpern. Soralen an der Unterseite der Lappen. Apothecien nur selten, schmal umrandet, braunschwarz. Weit verbreitete Flechte an Rinden, Mauern, Fels, auf Asbestzement und Grabsteinen. Empfindlich gegen Luftverschmutzung.

Physcia caesia (HOFFM.) HAMPE. Fam. Schwielenflechten (*Physciaceae*) Blattflechte mit weißgrauem bis blaugrauem oder grauviolettem, rosettigem Lager, der Unterlage locker, aber dicht anliegend. Loben sehr dünn, meist strahlig, etwas hochgewölbt. Oberseits mit weißlichen oder grauen Soralen. An nährstoffreichen, stickstoffhaltigen, staubimprägnierten Stellen, an Straßenbäumen, Holz oder (kalkhaltigem) Gestein. Weit verbreitet.

Anaptychia fusca (HUDS.) VAIN. Fam. Schwielenflechten (*Physciaceae*) Blattflechte mit deutlich rosettigem, dickem, der Unterlage locker angepreßtem Lager von gold-hellbrauner bis dunkelbrauner Färbung, mit langen, dachziegelartig geordneten Loben, die sich zu den Enden etwas verbreitern. Unterseits dunkelbraun. Apothecien 1 – 3 mm breit, mit bleichen, schmalen, gekerbten Randsäumen, Scheiben schwarzbraun. Meist nur im Küstenbereich auf Felsen oberhalb der Flutmarke. Im Binnenland selten.

Collema auriculatum HOFFM. Fam. Leimflechten (*Collemataceae*) Gallertflechte mit blättrigem, dunkelbraunem Lager. Loben bis 3 cm breit, in feuchtem Zustand stark fleischig-gallertig angeschwollen und aufgerichtet, glatt bis feinstreifig, in der Mitte häufig mit keuligen, aufrechten Isidien. Apothecien sehr selten. An schattigen, feuchten Stellen auf Kalkgestein, oft zwischen Moosen. Weit verbreitet, aber zerstreut vorkommend.

Collema crispum (HUDS.) WEBER. Fam. Leimflechten (*Collemataceae*) Gallertflechte mit braunschwarzem Lager und Lappen bis höchstens 1 cm Breite. Im feuchten Zustand schwarzgrünlich, mit überlappenden, dicht gepackten, welligen Loben. Apothecien um 2 mm breit, mit dünnem, unregelmäßig gestaltetem Rand. Verbreitet bis zerstreut an schattigen Stellen auf Kalkgestein und an Mauern. Selten auf Erde.

Collema furfuraceum (ARNOLD) DURIETZ. Fam. Leimflechten (*Collemataceae*) Gallertflechte mit schwarzgrünem oder dunkelbraunem Lager mit großen, bis 4 cm breiten Lappen. Meist in großflächigen Beständen. Lobenränder und -enden häufig etwas aufgebogen. Im feuchten Zustand stark gallertig aufgequollen, trocken ziemlich brüchig. Oberseite mit tiefen Runzeln und Rinnen. Apothecien sehr selten. Algenpartner sind Blaualgen. Verbreitet an alten Laubbäumen, seltener, wie im Bild, auf Gestein.

Leptogium burgessii MONT. Fam. Leimflechten (*Collemataceae*) Gallertflechte mit krustigem bis lappig-blättrigem oder etwas kleinstrauchigem Lager, sehr formenreich. In feuchtem Zustand schwach gallertig angeschwollen, graubraun bis bräunlich, trocken brüchig, grau bis schwärzlich. Loben gekerbt bis geschlitzt oder kraus. Meist mit zahlreichen Apothecien, die randlich kleine Schuppen tragen. Auf alten Bäumen. Nur im weiteren Küstenbereich von Südnorwegen bis Portugal.

Umbilicaria polyrrhiza (L.) ACH. Fam. Nabelflechten (*Umbilicariaceae*) Blattflechte mit großem, bis über 10 cm breitem Lager von kupferroter bis brauner Färbung. Oberseite meist glatt, mattglänzend; Unterseite mit zahlreichen, verzweigten, schwärzlichen Haargebilden (Rhizinen). Lappen groß, etwas gerollt oder kraus, brechen in kleinere Loben auf. Apothecien selten. Ausgesprochen atlantische Art. Nur in Westeuropa auf Silikatgestein.

Lassallia pustulata (L.) MÉRAT. Fam. Nabelflechten (*Umbilicariaceae*) Blattflechte mit 3–10 cm breitem, einblättrigem, oberseits grauem oder braunem, meist etwas bereiftem Lager. An der Unterlage mit einem Nabel festgewachsen. Unterseits weinrot bis grau oder schwarzbraun. Nur selten mit Apothecien. Die Flechte wurde früher gegessen und als Farbstofflieferant gesammelt. Weit verbreitet, aber in den meisten Gegenden sehr selten geworden. Schützenswert. Auf den Steilflanken meist saurer Gesteine.

Parmeliella plumbea (LIGHTF.) VAIN. Fam. Lappenflechten (*Pannariaceae*) Blattflechte mit plattig-lappigem, rundlichem Lager von hellgrauer bis dunkelgrauer Färbung. Oberseite körnig-schuppig. Randlappen sehr groß, strahlig angeordnet, mit breiten, konzentrischen Ringzonen. Apothecien gewöhnlich sehr zahlreich, braunrot mit heller bräunlichem Rand. Nur im atlantischen Europa von Norwegen bis im Mittelmeergebiet. Auch auf den Azoren. Auf bemoosten Bäumen oder Felsen.

Lungenflechte *Lobaria pulmonaria* (L.) HOFFM. Fam. Lungenflechten (*Stictaceae*) Blattflechte mit sehr großblättrigem, bis 20 cm langem und 10 cm breitem Lager. Nur locker an der Unterlage. Oberseite grob netzadrig, grasgrün und lederig im feuchten Zustand, blaßgrün oder graugrün nach Trocknung. Apothecien ziemlich groß, rotbraun, randständig. Früher als Heilpflanze verwendet. An Felsen und Bäumen. Verbreitet, auf weiten Strecken durch Forstbetrieb ausgerottet. Schützenswert.

Solorina saccata (L.) ACH. Fam. Schildflechten (*Peltigeraceae*) Blattflechte mit ansehnlichem, etwa 6–10 cm breitem Lager mit großen Lappen. Im feuchten Zustand hellgrün, nach Trocknung blaßbraun und etwas angestäubt. Unterseits weißlich bis schmutzig-braun. Apothecien sehr groß, braun, groß, in das Lager eingesenkt. In Felsspalten, auf Feinschutt, vor allem in Kalkgebirgen. In den Alpen und in Nordeuropa verbreitet, sonst sehr selten.

Hundsflechte *Peltigera canina*

Hundsflechte *Peltigera canina* (L.) WILLD. Fam. Schildflechten (*Peltigeraceae*) Blattflechte mit kräftigem, großem, groblappigem Lager bis 10 cm Durchmesser, oberseits trocken blaßbraun und in feuchtem Zustand dunkler graubraun. Unterseits weiß mit kräftigen Rippen und Leisten sowie langen, dünnen Rhizinen. Randlappen dünner, wellig umgeschlagen oder aufsteigend. Apothecien braunrot, an den Lobenrändern. Weit verbreitet an Mauern, Felsen, in Wiesen und auf Dünen. Häufige und gut kenntliche Art.

Peltigera polydactyla (NECKER) HOFFM. Fam. Schildflechten (*Peltigeraceae*) Blattflechte mit vielgestaltigem, etwa 5 cm breitem Lager. Im trockenen Zustand braun-grau, feucht olivbraungrünlich, etwas glänzend, glatt, nicht bucklig. Unterseite weiß oder hellbraun, mit schwach ausgebildetem Linienmuster von Leisten und Nerven. Loben fingerförmig geteilt. Apothecien reichlich vorhanden, rotbraun, viel länger als breit. An ähnlichen Standorten wie die vorige Art. Oft in rasigen Beständen.

Parmelia caperata

Parmelia caperata (L.) ACH. Fam. Schüsselflechten (*Parmeliaceae*) Blattflechte mit meist großem, bis 6 cm breitem, vielblättrigem Lager, im trockenen Zustand gelblich-grüngrau, feucht apfelgrün. Loben bis 1 cm breit, an den Enden verbreitert und rundlich. Lagermitte häufig schuppig-warzig mit körnigen Soralen. Apothecien selten. Unterseits mit schwarzen Rhizinen. Weit verbreitete Art. Nur in Gegenden mit sauberer Luft an Rinden alter Bäume.

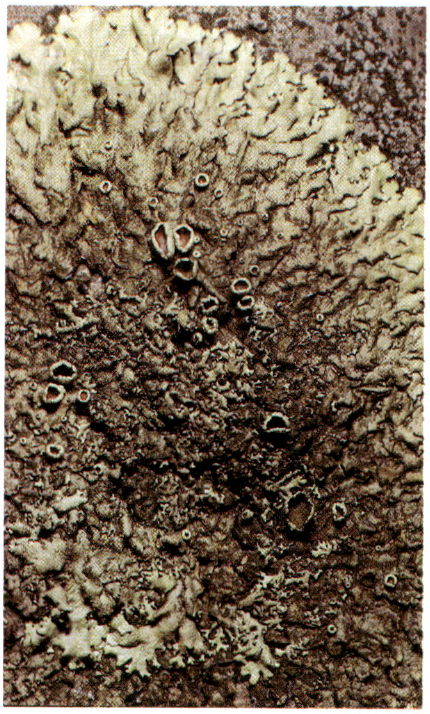

Parmelia conspersa ACH. Fam. Schüsselflechten (*Parmeliaceae*) Blattflechte mit rosettig-rundlichem, flachem Lager von gelbgrüner bis gelblich-grauer Färbung. Lager besonders am Rande in zahlreiche, übereinandergeschichtete, bis 4 mm breite und vielfach geteilte Loben gegliedert. Oberfläche mit Massen von Isidien. Apothecien dunkelbraun oder rötlich-braun mit erhöhten, grün-gelblichen Rändern. Vor allem in Silikatgebieten.

Parmelia glabratula (LAMY) NYL. Fam. Schüsselflechten (*Parmeliaceae*) Blattflechte mit grünlich-braunem, bräunlichem oder olivgrünem rundlich-rosettigem Lager mit kurzen, flachen Randlappen, die sich an den Enden verbreitern. Unterseite in der Thallusmitte schwarz, am Rande heller braun. Oberseite in der Mitte mit Massen von Isidien. Weit verbreiteter Rindenbewohner vor allem an Laubhölzern, seltener auch an verbautem Holz.

Parmelia loxodes NYL. Fam. Schüsselflechten (*Parmeliaceae*) Blattflechte mit grünlich-braunem bis mittelbraunem, meist rundlichem Lager. Randlappen meist schmal, lang, nur 2–4 mm breit, etwas aufgewölbt und an den Enden wenig ausgeweitet, oft gestutzt oder abgeschnitten erscheinend. Oberseite in der Thallusmitte häufig mit zahlreichen Isidien. Häufig nur in Nordwesteuropa auf Silikatgestein in unmittelbarer Küstennähe. Sonst sehr selten.

Parmelia mougeotii SCHAER. Fam. Schüsselflechten (*Parmeliaceae*) Blattflechte mit rundlich-rosettigem Lager bis etwa 3 cm Durchmesser; Randloben schmal, meist unter 1 mm breit, gelblich-grau bis grünlich-grau gefärbt. Thallusmitte der Flechte dunkler gefärbt, mit oft ausgedehnten Fleckensoralen. Nur im atlantisch beeinflußten Teil Europas verbreitet bis zerstreut auf Silikatgestein. Gelegentlich auch an Grabsteinen.

Parmelia omphalodes ACH. Fam. Schüsselflechten (*Parmeliaceae*) Blattflechte mit unregelmäßigem Lager von brauner bis braungrauer Färbung, nicht selten auch mit eigenartigem, bläulich-metallischem Glanz. Randloben schmal, an den Enden jedoch stark verbreitert und annähernd handförmig geteilt. Oberseite mit feinem, grauem Linienmuster. Ohne Isidien. Apothecien ziemlich häufig, mit dunkelbrauner Scheibe. Vor allem im Bergland weit verbreitet. An Mauerwerk, Gestein und Fels.

Parmelia saxatilis (L.) ACH. Fam. Schüsselflechten (*Parmeliaceae*) Blattflechte mit meist kreisrundem, rosettigem, der Unterlage flach anliegendem Lager von bläulich-grauer oder bräunlich-grauer Färbung. Randloben ziemlich lang, zu den Enden hin nur wenig verbreitert. Oberseite mit feinem Netzwerk weißlicher Linien. Isidien graubraun, stiftförmig oder verzweigt. Unterseite dunkelbraun, randlich heller. Apothecien selten, aber sehr groß (bis 1 cm breit). Weit verbreitete Flechte; an Rinden und Fels besonders in den höheren Lagen.

Parmelia subrudecta

Parmelia subrudecta NYL. Fam. Schüsselflechten (*Parmeliaceae*) Blattflechte mit rundlichem, grauem oder grünlich-grauem Lager. Randloben ziemlich groß, mit abgerundeten Enden, die sich gegenseitig überlappen. Auf der Oberseite und an anderen Lappenrändern häufig mit Soralen. Unterseits hellbraun – recht zuverlässiges Kennzeichen zur Unterscheidung dieser Art von weiteren grauen Blattflechten. Auf Felsen zwischen Moosbewuchs und an Laubbäumen. In Europa weit verbreitet und nur stellenweise häufig.

Hypogymnia physodes

Stereocaulon vesuvianum PERS. Fam. Strauchflechten (*Cladoniaceae*) Meist reich verzweigte, weißlich-graue Strauchflechte bis etwa 5 cm Höhe, von sehr variablem Aussehen. Lageräste dicht mit körnigen, schuppigen Auswüchsen besetzt (= Phyllokladien), dadurch an einen Blumenkohl erinnernd. Die Gattung ist an diesem besonderen Merkmal zuverlässig und leicht zu erkennen; die Artbestimmung ist äußerst schwierig. Die hier vorgestellte Beispielart bildet meist dichte Polster mit ± geschlossener Oberfläche. In Moosrasen, auf Silikatgestein oder an Mauern. Sehr zerstreut.

Hypogymnia physodes (L.) NYL. Fam. Schlüsselflechten (*Parmeliaceae*) Blattflechte mit grauem bis grüngrauem Lager von meist rundlichem Umriß, häufig in rasigen Beständen. Sehr formenreich. Randlappen der Unterlage meist anliegend, breit-wulstig oder schmal, mitunter fast fiederig geteilt, hochgewölbt. Unterseite in der Mitte schwarzbraun, zum Rand hin heller. Lobenenden mit weißlichen Lippensoralen. Auf verbautem Holz, an Rinden oder auf Ästen und an Gestein. Weit verbreitet und häufig.

Cladonia impexa HARM. Fam. Strauchflechten (*Cladoniaceae*) Strauchflechte bis 3 cm Höhe mit hellgrau-grünlichem oder blaß cremefarbenem Lager. Sehr reich verzweigt; Verzweigungen meist lückig, nicht allzu dicht, häufig drei oder vier Seitenästchen an einer Verzweigungsstelle ansetzend. Endverzweigungen fast immer gabelig und allseitswendig. Hauptachse deutlich ausgebildet, hohl. In dichten Polstern in Heiden und Mooren zwischen Zwergsträuchern. Formenkreis von atlantischer Verbreitung. Von Norwegen bis Portugal.

Cladonia impexa

Cladonia arbuscula (WALLR.) RABENH. Fam. Strauchflechten (*Cladoniaceae*) Strauchflechte bis 6 cm Höhe mit (nur im frischen Zustand!) gelblich getöntem, grau-grünlichem Lager. Hauptachse kräftig, über 1 mm dick. Verzweigungen überwiegend gabelig (auch 3fach), sehr dicht stehend, einseitswendig und etwas bogig gekrümmt. Von stark bitterem Geschmack im Unterschied zur ähnlichen, aber milden *Cladonia mitis.* In ganz Europa weit verbreitet. Besonders im Norden in Heiden und Mooren.

Rentierflechte *Cladonia rangiferina* (L.) WEB. Fam. Strauchflechten (*Cladoniaceae*) Strauchflechte um 8 cm Höhe mit rein grauem bis grünlich-grauem Lager. Hauptstamm kräftig, reich verzweigt mit meist vier Seitenästchen an einem Verzweigungspunkt; Endverzweigungen gabelig, einseitswendig mit gekrümmten, bräunlichen Enden. Im arktischen und subarktischen Bereich Nordeuropas eine der häufigsten Arten, die von Rentieren abgeweidet wird. Häufig für Dekorationszwecke (Modellbau) verwendet.

Cladonia uncialis (L.) HOFFM. Fam. Strauchflechten (*Cladoniaceae*) Strauchflechte mit verdickten, gelblich-grauen, hohlen Hauptachsen bis etwa 6 cm Höhe, unregelmäßig und etwas spärlich verzweigt. Verzweigungen durchweg gabelig. Letzte Seitenästchen fadenförmig dünn, zugespitzt, etwas nach außen gebogen. Oberflächen glatt. Verbreitet bis zerstreut in Torfmooren.

Cladonia gracilis (L.) WILLD. Fam. Strauchflechten (*Cladoniaceae*) Strauchflechte mit nur wenig verzweigten, aufrechten, langgestreckten, etwa 3 – 8 cm langen, etwas hornförmig gebogenen Hauptachsen. Oberfläche glatt, nur am Grunde etwas schuppig. Einige der aufrechten Äste mit schmalem, schlankem Becher, in dem Apothecien zur Sporenentwicklung angelegt werden. Ziemlich zerstreut auf nackten Böden. Fehlt in Kalkgebieten.

Cladonia coniocraea (FLÖRKE) VAIN. Fam. Strauchflechten (*Cladoniaceae*) Strauchflechte mit grün-grauem, muscheligen Schuppen am Grunde und aufrechten, zylindrischen Lagerästen von blaß-graugrüner Färbung, die mitunter undeutliche, sehr schmale Becher bilden. Aufrechte Thallusteile häufig mit Soralen bedeckt und von den Soredien gepudert erscheinend. Weit verbreitete Flechte, an morschem Holz, an Baumstümpfen oder zwischen Moosrasen.

Cladonia squamosa (SCOP.) HOFFM. Fam. Strauchflechten (*Cladoniaceae*) Strauchflechte. Lager am Grunde dicht mit kleinen, grünlich-grauen Schuppen besetzt. Aufrechte Lagerachsen hohl, dicklich, meist unverzweigt, bräunlich überlaufen, etwas zugespitzt. Die äußeren Schichten der Äste brechen oft auf und geben den Pflanzen ein dichtbeschupptes Aussehen. Sporen entstehen in becherförmigen, endständigen Gebilden. Zerstreut auf armen Böden, an Baumstämmen und in Mooren.

Cladonia fimbriata (L.) SANDST. Fam. Strauchflechten (*Cladoniaceae*) Kleine Strauchflechte. Lager am Grunde mit zahlreichen, dichtstehenden, grünlich-grauen und unterseits weißen Schuppen. Becher sehr schlank, um 2 cm hoch, bis etwa 3 mm breit, dünnwandig, trompetenförmig, allseits mit feinen, puderigen bis feinmehligen, graugrünen Soredien bedeckt. Die Sporen entstehen in dunkelbraunen Apothecien am Becherrand. Recht häufige Flechte dieser Gruppe auf Rohhumus, morschem Holz, an Baumwurzeln und in Moosrasen auf erdigen Mauerkronen.

Cladonia fimbriata

Cladonia subcervicornis (VAIN.) DURIETZ. Fam. Strauchflechten (*Cladoniaceae*) Kleine Strauchflechte, deren Lager im Unterschied zu den meisten Arten der Gattung nur aus großen, 0,5 bis 2 cm langen, aufsteigenden Schuppen besteht. Diese an den Enden stumpf eingeschnitten und abgerundet, in dicht gepackten Polstern. Oberseits grünlich-grau, blau-grünlich oder apfelgrün. Unterseite hell-weißlich, am Grunde fast schwarz. Vor allem in den küstennahen Gebieten West- und Nordwesteuropas auf torfigen, sauren Böden.

Cladonia pyxidata (L.) FR. Fam. Strauchflechten (*Cladoniaceae*) Kleine Strauchflechte. Lager am Grunde mit braungrauen bis grauen, unterseits weißlichen, kleinen Schuppen. Becher aufrecht, bis 2 cm hoch, einfach, dickwandig, nicht in mehreren Etagen, mit breiterer Öffnung als bei *Cladonia fimbriata,* allseits körnig-warzig beschuppt. Keine Soredien. Apothecien braun, recht klein, an den Becherrändern. Ziemlich häufige Art an Böschungen, auf Mauerwerk oder an Felsen. Siedelt meist an trockeneren Stellen als andere, vergleichbare Arten.

Cladonia pyxidata

Cladonia bellidiflora

Cladonia bellidiflora (ACH.) SCHAER. Fam. Strauchflechten (*Cladoniaceae*) Strauchflechte mit kleinschuppigem, hinfälligem Primärlager am Grunde und aufrechten, mitunter gabelig verzweigten Lagerästen von gelblich-grüngrauer Färbung, meist um 5 cm Höhe, dicht mit verlängerten, großen, krausen Schuppen besetzt. Am Ende der Stiele einzelne oder mehrere, scharlachrote Apothecien anstelle eines sehr schmalen, nur wenig eingetieften Bechers. Zerstreut zwischen Moosbewuchs auf Blöcken oder Moorböden. In Nordeuropa, in Mittelgebirgsbergwäldern und in den Alpen.

Cladonia flabelliformis (FLÖRKE) VAIN. Fam. Strauchflechten (*Cladoniaceae*) Strauchflechte mit grundständigen, grauen Schuppen bis 5 mm Länge, an den Enden tief eingeschnitten, sonst von ovalem-rundlichem Umriß. Aufrechte Lagerstiele sehr schlank, auffallend hellgrau, bis 5 cm hoch, einfach oder verzweigt sprossend und dann etwas verunstaltet aussehend. Becherränder fransig, mit kleinen, roten Apothecien und mehligen Soredien besetzt. An Baumwurzeln, Baumstubben oder auf torfigen Böden. Sehr zerstreut.

Cladonia coccifera

Cladonia coccifera (L.) WILLD. Fam. Strauchflechten (*Cladoniaceae*) Strauchflechte mit grundständigen, kleinen, graugrünen, unterseits gelblich-weißen Schuppen, die an der Basis auffällig ockergelb gefärbt sind. Aufrechte Lageräste schlank, dünn, hohl, glatt oder warzig, mit zahlreichen Soredien. Becher breitrandig, mit Stiel 1 – 4 cm hoch. Apothecien scharlachrot, am Becherrand, mitunter auf eigenen, sehr kurzen Stielchen oder zu einem einheitlichen Gebilde zusammenfließend (Bild links unten). Meist in Silikatgebieten, auf Sand, morschem Holz, in Felsfugen und auf Mauerkronen, vor allem im Bergland. Zerstreut bis verbreitet. Formenreich.

Cetraria chlorophylla

Cladonia floerkeana

Cladonia floerkeana (FR.) SOMMERF. Fam. Strauchflechten (*Cladoniaceae*) Strauchflechte mit kleinen, grünlich-grauen, nur wenig eingeschnittenen, grundständigen Lagerschuppen in oft ansehnlichen, ausgedehnten Rasen. Aufrechter Thallusteil ziemlich steif, grau-grünlich, unverzweigt oder endständig doldig verzweigt, am Grunde schuppig, oberwärts mit körnigen Soredien. Ohne Becher. Apothecien auffallend scharlachrot bis dunkelrot, einzeln oder zu mehreren endständig. Pflanze daher vom Aussehen kleiner Streichhölzer. Zerstreut auf torfigen Böden, an morschem Holz und auf Sandböden (Dünen).

Lichina confinis (O. F. MÜL.) C. AG. Fam. Schuppenflechten (*Lichinaceae*) Zwergstrauchige Flechte mit Blaualgen als Algenpartner (*Calothrix*). Meist in kleinen Büscheln; Lager gabelig verzweigt, bäumchenartig, schwarz-grünlich oder schwarz, mit stielrunden Ästen, bis 5 mm hoch. Apothecien an den Zweigenden. Nur auf Gestein im Bereich der Hochwassermarke an atlantischen Küsten, im Gezeitenrhythmus regelmäßig von Seewasser überspült. Ähnlich:
Lichina pygmaea (LIGHTF.) C. AG. Zwergstrauchige Flechte mit 1 – 2 cm hohem, schwärzlichem Lager, reich verzweigt. Äste von Grund an etwas zusammengedrückt. Am gleichen Standort wie die vorige Art, häufiger jedoch an besonnten Stellen. An westeuropäischen Küsten häufig und verbreitet.

Cetraria chlorophylla (WILLD.) VAIN. Fam. Moosflechten (*Cetrariaceae*) Blattflechte von etwas strauchigem Aussehen mit blättrigen, olivgrünen bis dunkler bräunlich-grünen Lagerästen. Stark gelappt, mit gewellten, rundlichen Enden, oberseits mit Soralen. Die Abbildung zeigt die Flechte zusammen mit *Hypogymnia physodes* (vgl. S. 178). Vor allem im Bergland Nordeuropas. In den Alpen ziemlich selten. Bevorzugt an Nadelbäumen.

Platismatia glauca (L.) CULB. ET CULB. Fam. Moosflechten (*Cetrariaceae*) Flechte mit großblättrigem, meist breit gelapptem Lager. Oberseits grau, gelblich-grau bis grünlich-grau, unterseits schwarz. Lappen teilweise sehr tief eingeschnitten und in annähernd strauchförmige Abschnitte zerteilt. An den Rändern dicht mit Soralen besetzt. Apothecien sehr selten. In kühleren, luftfeuchten Gebieten auf Rinde oder Ästen. Die Abbildung zeigt die Flechte zusammen mit *Hypogymnia physodes* (vgl. S. 178).

Evernia prunastri (L.) ACH. Fam. Bartflechten (*Usneaceae*) Flechte mit strauchigem Lager. Lageräste abstehend, liegend oder auch hängend, bis etwa 5 cm lang, oberseits grau, graugelb oder gelblichgrün, unterseits weißlich. Ränder mit mehligen Soralen besetzt. Wird unter der Handelsbezeichnung Mousse de chêne als Duftstofflieferant für die Parfümherstellung gesammelt. Vor allem an freistehenden Bäumen, seltener auf Gestein. Weit verbreitet.

Pseudevernia furfuracea (L.) ZOPF. Fam. Schlüsselflechten (*Parmeliaceae*) Blattflechte mit geweihartig flach oder buschig-strauchig verzweigtem Lager; Lageräste abstehend, aufsteigend oder hängend, bis etwa 12 cm lang. Oberseite hellgrau-grünlich, unterseits anfangs rosaweißlich, später dunkelrot und zuletzt tiefschwarz. Ziemlich häufig und in Bergwäldern manchmal in Massen. Verwendung wie die vorige Art. Die Abbildung zeigt die Flechte zusammen mit *Hypogymnia physodes* (vgl. S. 178).

Isländisches Moos *Cetraria islandica* (L.) ACH. Fam. Moosflechten (*Cetrariaceae*) Strauchflechte mit aufrechtem, reichästigem, ziemlich regelmäßig gabelig verzweigtem Lager von 2–8 cm Höhe. Äste bis 1 cm breit, oberseits graugrün bis kräftig braun, unterseits immer heller. Am Rand mit dornigen Auswüchsen besetzt, etwas rinnig. Ziemlich variabel. Apothecien selten. In Heiden, Wäldern und in Mooren. Vor allem in den höheren Lagen verbreitet. Früher als Heilpflanze verwendet.

Thamnolia vermicularis (SW.) ACH. EX SCHAER. Fam. Moosflechten (*Cetrariaceae*) Strauchflechte mit eigenartigen, wurmförmigen Lagerästen, diese einfach und unverzweigt, aufrecht oder abstehend-hängend, drehrund oder nur wenig zusammengedrückt, mit zugespitzten, schlanken Enden, bis etwa 6 cm lang, ohne grundständige Schuppen. Oft in dichten Rasen. Nur in höheren Lagen oberhalb der Waldgrenze zwischen Moos, im Gras oder zwischen anderen Flechten.

Roccella fucoides (DICKS.) VAIN. Fam. Bartflechten (*Usneaceae*) Strauchflechte mit zentraler, unterseits ockergelber Haftscheibe und bis 10 cm langen, drehrunden, büscheligen, wenig verzweigten Lagerästen von graugrüner bis blaugrauer Färbung. Meist dicht mit Soralen besetzt. Apothecien selten. Nur auf Küstenfelsen oberhalb der Flutmarke. Atlantik und Mittelmeer. Ähnlich:
Roccella fuciformis (L.) DC. Strauchflechte mit bandförmigen Lagerästen von grauer bis graugrüner Färbung. Am gleichen Standort, aber seltener.

Sphaerophorus globosus (HUDS.) VAIN. Fam. Kugelträgerflechten (*Sphaerophoraceae*) Strauchflechte mit reich verzweigtem, ziemlich zerbrechlichem, rasigem Lager. Äste knorpelig, drehrund oder wenig abgeflacht, an den Spitzen weißlich, meist um 5 cm hoch, von bräunlich-gelber Färbung. Apothecien kugelig, endständig, Im atlantischen Klimabereich sowie in den Hochlagen der Gebirge zerstreut bis verbreitet auf Gestein oder an Bäumen.

Cornicularia aculeata (SCHREB.) TH. FR. Fam. Hornflechten (*Corniculariaceae*) Strauchflechte mit locker-dornig verzweigten, knorpeligen, steifen Ästen, auf den Flächen meist grubig bis schwielig, sehr uneben, in dichten Polstern, von dunkelbrauner Färbung. Äste um 1 mm breit. Apothecien selten. In trockenen Heiden, auf Dünen und an moosbewachsenen Felsen. Zerstreut bis verbreitet.

Ramalina farinacea (L.) ACH. Fam. Bartflechten (*Usneaceae*) Strauchflechte mit meist hängenden, büscheligen Lagerästen von beiderseits gleichfarben grünlich-grauer Färbung. An der Unterlage mit einer Haftscheibe befestigt. Äste schmal-bandförmig, gabelig verzweigt, schlank auslaufend, am Rande mit mehligen Soralen. Apothecien selten. Auf Rinden und verbautem Holz, sehr selten auf Gestein. In Europa weit verbreitet, aber nur stellenweise häufig.

Ramalina fraxinea (L.) ACH. Fam. Bartflechten (*Usneaceae*) Meist große, auffallende Strauchflechte mit kräftigem, hängendem, spärlich gabelig verzweigtem Lager mit flachen, bandförmigen Lagerästen von 2 mm bis 2 cm Breite und bis 20 cm Länge. Äste etwas runzlig, manchmal durchbrochen, einheitlich grau-grün bis gelblich gefärbt. Apothecien sehr groß, auf kleinen Stielen, mit gelbgrünen Scheiben. Formenreich. Meist auf Bäumen. Weit verbreitet, aber meist sehr zerstreut.

Ramalina siliquosa (HUDS.) A. L. SM. Fam. Bartflechten (*Usneaceae*) Strauchflechte mit basaler Haftscheibe und steifen, aufrechten oder hängenden, bandförmigen Lagerästen von gelblich-grauer oder grauer Färbung. Meist in dichten Büscheln und Rasen, fast immer mit großen, endständigen Apothecien. Formenreich. Weit verbreitet und sehr häufig an Felsen entlang der Atlantikküsten von Portugal bis Norwegen.

Ramalina subfarinacea (NYL. EX CROMB.) NYL. Fam. Bartflechten (*Usneaceae*) Strauchflechte mit basaler Haftscheibe und büscheligsteifen, aufrechten oder hängenden Lagerästen von gelblich-grauer Färbung. Sehr ähnlich *Ramalina farinacea* und nur durch eine chemische Reaktion davon sicher unterscheidbar: Mark dieser Flechte färbt sich mit Kalilauge gelbrot. Auf Silikatgestein in Küstennähe, von der Ostsee bis zum Atlantik.

Alectoria fuscescens

Alectoria fuscescens GYELN. Fam. Bartflechten (*Usneaceae*). Strauchflechte mit dünnem, meist hängendem, reich verzweigtem Lager mit stielrunden, etwas krausen Ästen von 5 – 15 cm Länge. Äste ihrerseits kurz verzweigt, bis 0,5 mm dick, rauchig grünlich-braun bis dunkelbraun, am Grunde meist etwas heller. Apothecien sehr selten. Häufig mit Soralen. Formenreiche Gattung mit zahlreichen, teilweise nur schwer bestimmbaren Arten. Nur in Gebieten ohne SO_2-belastete Luft. An Bäumen und Holz. Auch in der Ebene.

Usnea subfloridana STIRT. Fam. Bartflechten (*Usneaceae*) Strauchflechte mit bartförmig verzweigtem, 3 – 8 cm langem, meist herabhängendem Lager von gelblich-grauer Färbung, am Grunde schwärzlich. *Usnea*-Arten unterscheiden sich von den ähnlichen Vertretern der Gattung *Alectoria* dadurch, daß beim Auseinanderreißen der Äste ein zäher, weißlicher Zentralstrang stehen bleibt. Eine der häufigeren Arten; an Bäumen und auf verbautem Holz, vor allem in feuchten Gebirgslagen. Empfindlich gegen SO_2-Belastung der Luft.

Usnea subfloridana

Usnea florida (L.) WEBER. Fam. Bartflechten (*Usneaceae*) Strauchflechte mit bartförmigem, sehr büschelig verzweigtem Lager von gelblich-bräunlicher Färbung. Lageräste an der Basis schwärzlich, ziemlich dick, derb, steif, mitunter aufrecht oder abstehend, warzig-dornig. Meist mit großen, bis 1 cm breiten Apothecien, die am Rande lang gefranst sind. In alten Wäldern an Baumstämmen. Nur noch stellenweise häufig.

Usnea rubiginea

Usnea rubiginea (MICHX.) MASSAL. Fam. Bartflechten (*Usneaceae*) Strauchflechte mit büscheligem, sehr reich verzweigtem Lager. Hauptachsen sehr kräftig, rötlich-braun, am Grunde nicht schwärzlich, bis etwa 10 cm lang. Seitenäste schlanker, zugespitzt, von den Hauptachsen rechtwinklig abstehend, blaß grünlich-grau. Dicht mit warzigen Papillen und knotigen Soralen besetzt. Gut kenntliche Art. Auf Bäumen, Ästen und Stubben. Vor allem in Westeuropa. Nicht allzu häufig.

Register der deutschen Pflanzennamen

Register der wissenschaftlichen Pflanzennamen

Bücher für Pflanzenfreunde

Roger Phillips
Das Kosmosbuch der Bäume
Über 500 Wald- und Parkbäume in Farbe
Ein großer Kosmos-Naturführer
Wer mit offenen Augen Wälder und Fluren durchstreift oder im Park Erholung sucht, möchte nicht nur das Erscheinungsbild, sondern auch die Namen der Bäume kennen.
Roger Phillips hat ein völlig neuartiges Buch zum Bestimmen von Wald- und Parkbäumen geschaffen. In über 1400 hervorragenden Farbbildern zeigt er die kennzeichnenden Formen der Blätter, Blüten und Früchte, teilweise auch charakteristische Rindenformen. Mit Hilfe eines einfachen Bestimmungsschlüssels, der von

den Blattformen ausgeht, sowie zahlreicher ergänzender Farbfotos und Umrißzeichnungen wird hier die Bestimmung eines Baumes zum vergnüglichen, lehrreichen Spiel. Alle abgebildeten Arten sind ausführlich beschrieben.
223 Seiten, 1491 Farbfotos, 486 Zeichnungen.

Roger Phillips
Das Kosmosbuch der Wildpflanzen
Der Führer zu 1000 Blütenpflanzen Mitteleuropas
Dieser repräsentative, hervorragend ausgestattete Bildband stellt mehr als 1000 wildwachsende einheimische Pflanzen in ungewöhnlich schönen, naturgetreuen Farbaufnahmen vor.
Die überwiegend ganzseitigen Farbtafeln folgen dem jahreszeitlichen Entwicklungsablauf der Natur. Sie beginnen mit den Frühblühern des zeitigen Frühjahrs, schließen die verschwenderische Formenfülle des Sommers an und enden mit dem Spätherbst, wenn Früchte und Samen längst ausgereift sind. Für jede Jahreszeit werden die Pflanzen nach Standorten getrennt erfaßt. Dabei sind alle wichtigen Gruppen der Blütenpflanzen berücksichtigt. Neben den Kräutern und Stauden werden auch alle häufigen Nadel- und Laubhölzer behandelt und abgebildet. Die begleitenden Texte nennen deutsche und wissenschaftliche Namen der Pflanzen, ihre Bestimmungsmerkmale, Standortansprüche, Verbreitung und Häufigkeit. Außer den weitverbreiteten einheimischen Pflanzen werden auch solche aus den Randgebieten Mitteleuropas beschrieben.
Nicht nur zuhause werden Sie daher mit diesem neuen Pflanzenbuch auf erfolgreiche Entdeckung gehen können. Auch im Urlaub kann dieser bestechend schöne Bildband bei vielen Bestimmunsproblemen helfen.
208 Seiten,
1069 vierfarbige Abbildungen.

Dietmar Aichele/Heinz-Werner Schwegler
Unsere Gräser
Süßgräser, Sauergräser, Binsen
Gräser haben keine bunten Blüten, deshalb gehen manche Pflanzenfreunde achtlos an ihnen vorüber. Dabei bilden Gräser eine Welt voll zierlicher Formen und stiller Schönheit und sind durchaus beachtenswert für jeden Naturfreund. Allerdings sind Gräser, die häufigsten Pflanzen unserer heimischen Flora, sehr schwer zu bestimmen.
Dietmar Aichele und Heinz-Werner Schwegler ist es jedoch gelungen, ein ebenso einfaches wie zuverlässiges Bestimmungssystem zu schaffen. Wesentlich sind dabei die in dieser Form einmaligen, nach der Natur gezeichneten Halbtonbilder von Walter Söllner. Fälle, in denen sich Gräser nicht schon allein anhand dieser Habitusbilder bestimmen lassen, können mit einem Schlüssel gelöst werden, in dem alle charakteristischen Merkmale übersichtlich angeordnet und klar

gekennzeichnet sind. Der Neuling in Sachen Botanik wird gleich zu Beginn mit den Besonderheiten der einzelnen Grasarten bekanntgemacht, und ein Sonderkapitel informiert über die Nutzung der grasartigen Pflanzen, besonders natürlich des Getreides, denn manche Gräser haben auch eine überragende wirtschaftliche Bedeutung.
6. stark veränderte Auflage, 216 Seiten, 65 Farbfotos, 4 SW-Fotos, 250 Halbtonzeichnungen, z.T. farbig unterlegt, 350 SW-Zeichnungen.

Gordon Rowley
Kosmos-Enzyklopädie der Sukkulenten und Kakteen
Sukkulenten sind Pflanzen, die in dicken, fleischigsaftigen Blättern oder Stengeln Wasser speichern, um so lange Trockenperioden überleben zu können. Diese Pflanzengruppe umfaßt einige der erstaunlichsten Formen, oft außergewöhnlich in der Gestalt und auffallend durch die Schönheit der zarten Blüten. Immer mehr Pflanzenfreunde widmen sich diesen »Sonderlingen«.
Die bekanntesten Sukkulenten sind die Kakteen – teils wegen ihrer bizarren Formen, teils wegen der wunderschönen, oft nur minutenlang geöffneten Blüten. Dieser Band der Kosmos-Enzyklopädie beschreibt allgemeinverständlich die Sukkulenten, ihre Lebensweise, ihre Entwicklung, ihre Pflege und Zucht. Mehr als alle anderen Pflanzen haben Sukkulenten unter der Zerstörung ihres natürlichen Lebensraumes zu leiden. Der Züchter und Liebhaber hat die Möglichkeit, aussterbende Arten zu erhalten; auch dazu soll unser Buch beitragen.

Die einzelnen Familien der Sukkulenten werden ausführlich und anhand hervorragender Abbildungen behandelt. Gezeichnete Schlüssel helfen, Gattungen und Arten zu bestimmen und vermitteln eine Übersicht über die systematische Einordnung. Sehr schöne Farbfotos, klare Farbzeichnungen zeigen die kultivierten Arten und ihre Merkmale. Fachausdrücke – den Gärtnern und Spezialisten geläufig und unentbehrlich – werden für den Liebhaber erklärt und erläutert.
255 Seiten, 350 Farbfotos,
50 Zeichnungen.

Brian Williams
Orchideen für jedermann
Die kultivierten Arten, ihre Haltung, Pflege und Vermehrung
Orchideen, einst das exklusive Hobby einiger weniger Wohlhabender, sind längst ein beliebtes Pflegeobjekt für Heimgärtner und Gewächshausbesitzer in aller Welt geworden.

Die Gärtnereien erweitern ständig ihr Angebot an erschwinglichen Pflanzen; Bücher und Zeitschriften geben immer mehr und genauere Pflegeanleitungen und Tips zur Vermehrung und Zucht.
Dieser prächtige Bildband wendet sich sowohl an den versierten Orchideenfreund als auch an den Anfänger in diesem edlen, traumhaft schönen Hobby. Der erste Teil dieses Buches beginnt mit einer allgemeinen Übersicht über die botanischen Eigenschaften der Orchideen, ihre Entwicklung, Verbreitung und die Geschichte ihrer Kultur. Dann folgen die Ratschläge aus der Praxis. Hier findet der Leser klare, leicht verständliche und reichlich mit Zeichnungen und Fotos illustrierte Anleitungen zur Orchideenhaltung in der Wohnung und im Gewächshaus: Heizung, Belüftung, Bewässerung, Pflanzsubstrate, Vermehrungsarten, Schädlingsbekämpfung, einfache Zuchtmethoden und Sämlingsaufzucht – alles ist ausführlich behandelt. Im zweiten Teil werden die einzelnen Gattungen, ihre Haltung und Zucht näher beschrieben – unter besonderer Berücksichtigung der Pflanzen, die sich als problemlose „Pflegeobjekte" eignen.
Geschrieben von einem Team anerkannter Orchideenfachleute und illustriert mit über 300 hervorragenden Farbaufnahmen, wird dieses Buch zum Standard-Handbuch jedes Orchideenfreundes werden.
206 Seiten,
350 Farbfotos,
31 Zeichnungen.

Erhältlich in Ihrer Buch-/Fachhandlung.
Kosmos-Verlag, Stuttgart.